朝鮮半島と日本の未来

ing-jung

a pilot of wisdom

はじめに

今年二〇二〇年は、朝鮮戦争開戦から七〇年の節目になる。ヨーロッパにおける東西冷戦は、アジアでは軍事衝突をともなう熱戦となり、その舞台となった朝鮮半島は焦土と化した。一説では第二次世界大戦中の日本人の総死者数にも匹敵する膨大な数の命が失われたと言われる「準世界大戦」勃発の年に生まれた私は、この大量死のイメージを片時たりとも忘れたことはない。七〇年間におよぶ「撃ち方止《や》め」の状態は、今生の生に科せられた呪いのようなものであり、私にとってはその克服こそが、人生最大の主題であった。

ある時期まで、私は、戦争の終わりを見届ける一冊を書き上げることを夢想していた。二〇〇三年に上梓した『日朝関係の克服』（集英社新書）は、日朝平壌宣言に触発されて書き下ろした、五〇代前半における勝負作であった。本書もまた、私にとっての勝負作である。だが、前回とは違い、今回は、ある種の諦念と折り合いをつけながらの作業であったように思う。——私はもう南北朝鮮の統一を見届けることはないのだ。

それでも、この本を世に問いたいと願ったのは、単に、自分が七〇歳を迎えるからというだけではない。現在、日韓の間には戦後最悪と言われる刺々《とげとげ》しい雰囲気が漂い、南北関係も米朝関係も停滞したまま、新たな展望が見出《みいだ》し難い状況に陥っている。加えて、新型コロナウイルスの大流行により、世界経済は麻痺《まひ》、混乱のなかで世界恐慌の淵《ふち》に立たされている。明らかに「危機の遍在」が国境を越えて拡大しつつあるのだ。明日をも知れぬという、私の中の感覚を、世界中がにわかに共有しはじめたかのようだ。

だが、地球を舐《な》め尽くすような災禍の猖獗《しょうけつ》は、地上の誰もが犠牲者になる可能性を孕《はら》んでいる分、かえって国や体制の違いを超えた協力の動きを加速させるかもしれない。もちろん、逆に不安と恐怖に駆動されて、敵対と排斥へと向かう可能性もないわけではない。「連帯」と「新たな壁」は、コインの裏表の関係にある。それでも、私は前者の可能性を信じ、朝鮮半島と日本の未来の姿を多くの人と共有すべく、今回の執筆に臨んだ。

本書を読み進めれば、危機の中にチャンスを、悲観の中に楽観を、絶望の中に希望を見出すことが、単なる妄想ではないことを、少なからぬ人が実感してくれるに違いない。私はそのように信じている。

目次

第三章 「戦後最悪の日韓関係」への道筋 91

序章　危機には変化が必要だ

危機はチャンスだ

例外状態は常態の本質を露《あらわ》にする。この格言の通り、パンデミック化した新型コロナウイルスの感染拡大は、グローバル化の恐るべき深淵《しんえん》を暴き出すことになった。ウイルスという目に見えない脅威をきっかけに、地球的規模の全般的な相互依存関係は、「万人の万人に対する闘争」に転化しかねない危機（crisis）を露にしたのである。差別や迫害、追放や憎悪が横行し、不安や恐怖が蔓延《まんえん》するとともに、それらを解消してくれる強権的な国家への待望が強まろうとしている。

国境の内側では「非常事態」のもとに有無を言わせない強権発動が正当化され、また対外的には国境封鎖や出入国の制限・管理強化が進められ、内外にわたって分断と離反が広がっていく可能性がある。

ウイルスのパンデミック化は相互依存が全般的に進んだグローバル経済の弱点を突き、世界経済は混乱と麻痺の中で喘《あえ》いでいる。

既に日本や韓国では、経済的な成長そのものが鈍化し、低成長が恒常化するとともに、不安定就労者数の増大や平均所得の伸び率の低下など、慢性的な危機が進行していた。しかし、危機は政府のマーケットへの大幅な参入や未曽有の低金利政策、さらに官製相場的な株価の下支えや選択的な財政出動などによって、かろうじて抑え込まれてきたと言える。だが、他方で社会が進むべき目的やその正当性への不信と反発は根強く、国民の中に広く潜行していた。裏では社会の目的に対する合意が失われ、人々の心や行為がバラバラになり、社会の正当性とそれに従う動機づけをめぐる社会の統合の危機が進んでいたのである。

日本と韓国で進行しつつある政治や社会の分断状況は、そうした危機の表れである。新型コロナウイルスのパンデミック化は、日韓両国の社会の全般的な危機をあぶり出すことになった。それは社会秩序そのものの崩壊に近い破局をもたらしかねない。

しかし他方で、そうした危機は、新しい価値観と生き方を生み出すきっかけとなり、新しい社会秩序の正当性とその動機づけの源泉を生み出し、変革へのテコにもなりうるかもしれないのだ。こうした全般的な危機の中で現状維持に逃げ込むことは、社会を破綻の淵に追い込んでしまうことになりかねない。危機は変化へのチャンスであり、危機には変化が必要とされているのである。

危機には変化が必要であるというテーゼは、国境で仕切られた社会の内側だけに当てはまることではない。それは、日本を取り巻く北東アジア、特に朝鮮半島にも当てはまる。朝鮮半島ではここ三〇年にわたり、南北分断という「現状維持」を内側から変えていこうとする試行錯誤が続いてきたのであり、北朝鮮の核危機や米朝対立は、その危機的な兆候にほかならない。

南北分断を揺るぎない前提とした上で、日米安保に日本の平和と安全を託そうとする「現状維持」のリアリズムが、南北間の平和共存や米朝交渉の進展、さらに日米安保すらディールの材料にしかねない異形の米大統領トランプの登場によって揺らぎつつあることは明らかだ。憲法前文で謳《うた》われている「平和を愛する諸国民の公正と信義」に日本の「安全と平和」を託すことがユートピア平和主義の誹《そし》りを免れないとするなら、朝鮮半島の半恒久的な分断と日米安保に国の「安全と平和」を委ねることは、もはや賞味期限の切れた時代遅れのリアリズムと言えるかもしれない。

敵対から妥協と協力へ

とはいえ、歴史が飛躍しないことは、二〇世紀の「現存社会主義」の破綻を見ても明らかである。その意味で「現状維持」に代わる新たな秩序は、「現状維持」の秩序の外から突然天下って来るわけではない。それは、むしろ「現状維持」の内部に胚胎《はいたい》して来るのであり、それが朝鮮半島でいかにして進行してきたのかは、本書の第一章、第二章で明らかにするとおりである。

本書では一貫して次のことを明らかにしたい。現在の朝鮮半島をめぐる危機は冷戦下に形成された朝鮮半島の分断体制の解体の始まりと連動しており、朝鮮半島をはじめ日本を含めた北東アジアの平和と安定は、分断体制に代わる新たな秩序の構築いかんにかかっているということである。したがって日本の未来も、その秩序構築にどのように主体的にコミットしていくかにかかっているのである。

特に第三章でも述べるように、日韓に限って言えば、狭隘《きょうあい》で排他的な「愛国者のゲーム」が災いし、国力や国民的なエネルギーの消耗戦が続いている。こうした第三者的な「どっちもどっち」という見方には日韓双方から強い反発があるかもしれない。しかし、国家間の争いで、他国が本来何を望み、何を恐れているのかを全く考慮しない外交ほど当該の国家にとって致命的なものはない。このテーゼを現在の日韓関係に当てはめてみれば、日韓双方にそうした致命的な欠陥があることは明らかだ。

愛国を至上とする「十字軍的精神」に左右された国民世論の狂熱的な「嫌韓」や「反日」に「汚染」され、さらにその政治的な効用に傾けば傾くほど、死活的な国益とそうでない国益との見分けがつかないまま、前者の国益を毀損してしまうことになりかねない。

ウイルス危機で言えば、既に日韓双方で市中感染が拡大し、その徹底的な防止や予防と経済活動の正常化のバランスが国益の核心的な課題となっている。

日韓だけでなく、東アジアの日中韓三カ国は、入国制限は別として、相互に協力していくことが国益に適《かな》っている。

この点からも、死活的な争点でないことには進んで妥協することが、日韓双方に必要とされているのである。新型のウイルスの未曽有の感染拡大収束に向けて相互に協力して取り組んでいくべきではないか。

もはや「嫌韓」や「反日」に現《うつつ》を抜かしている余裕はない。リーマンショックを上回るほどの景気後退、さらには不況が現実味を帯び、自国経済が破綻の淵にあるときに国力の非妥協的な消耗戦にエネルギーを割く余裕はないはずだ。

しかも、世界的に見れば、中国に端を発する新型のウイルスの感染拡大は、日韓をも巻き込み、「新・黄禍論《こうかろん》」となって欧米全域で日本人、韓国人、中国人を問わず、北東アジア三カ国の国民に対する偏見や差別の強い風当たりとなって跳ね返っている。この多分に人種差別的な偏見と差別のうねりの前に、国境の内側に閉じこもったナショナリズムによる差異化のゲームがどれほど悲劇的で滑稽であるかは明らかだ。

この意味では北朝鮮も例外ではない。情報統制と強権的な独裁が敷かれている北朝鮮で果たしてどれだけのウイルス感染者がいるのか、まだその真相はわからない。とはいえ、制裁で疲弊しきった北朝鮮に日韓や中国並みの防疫や医療態勢が整っていない以上、北朝鮮内の感染拡大の防止は、地域的に隣接する日韓や中国にとって他人事《ひとごと》では済まされないはずである。新型コロナウイルスによる危機は、逆にチャンスへの導火線となりうるかもしれないのだ。

それでも、排外的な愛国主義が日韓双方で沸き立つとすれば、それは日韓双方の社会で格差や対立が進んで社会の一体感が薄れ、分断が広がっているからではないのか。それは社会の統合を危機に陥れることになりかねず、だからこそ、その矛盾を外部に転嫁するエネルギーも強まっていると見るべきである。この意味で第二章で述べるように、韓国内の「南南葛藤」（南東部と南西部の地域対立）が激しくなればなるほど、また日本の中の統治機構に対する国民的信頼度が低下すればするほど、危機のエネルギーが外に捌《は》け口《ぐち》を見出す可能性も強まっていると言える。

本書が強調したい第二の点は、そうした敵対を妥協に、そして協力のエネルギーへと転化していく作業が日韓双方の市民社会に要請されているということである。

冷え切る日韓関係

既に日韓関係は「戦後最悪」と言われるほど冷え切っている。

一九九八年の小渕恵三、金大中《キムデジュン》の日韓両首脳による「日韓共同宣言―二一世紀に向けた新たな日韓パートナーシップ」以降、両国の関係は「未来志向」をキーワードに育まれてきたはずだった。しかし、二〇一九年版『外交青書』では「未来志向」の文言が削除されるなど、両国間の溝は埋めがたいほどに深まっている。

一九六五年の日韓基本条約締結以降、これまで幾度も両国の関係が悪化したことはあったが、過去のそうした事例と比べても、現在の事態は深刻だ。特に二〇一七年五月に発足した文在寅《ムンジェイン》政権と安倍政権との間で、日韓関係を大きく揺さぶるような「事件」が立て続けに起こった。ひとつひとつの「事件」をめぐって「報復合戦」をエスカレートさせていく両国の姿勢を見ていると、「未来志向」どころか「過去」の相克へと時計の針が一気に逆戻りしているかのようだ。その中で、日本も韓国も「こちら側につくか、あちら側につくか、はっきりしろ」という「サイドの思考」に陥り、ラグビーで言う「ノーサイド」が日韓双方の議論からなくなりつつある。

予兆となる流れは以前からあった。しかし、「箍《たが》が外れる」きっかけとなったのは、やはり「元徴用工判決」だろう。一九六五年の日韓国交正常化に伴う請求権・経済協力協定で「完全かつ最終的に解決された」とされてきた徴用工の賠償をめぐる問題で、二〇一八年、韓国大法院（最高裁判所）は相次いで元徴用工に対する賠償命令を確定、関係する日本企業の韓国国内資産が差し押さえられ、日本側に大きな衝撃を与えた。日本政府は「元徴用工判決が理由ではない」と言いつつ、二〇一九年八月、韓国を輸出管理のホワイト国

（優遇措置対象国）から除外し、それに猛反発した韓国では大規模な日本製品不買運動が発生、韓国からの訪日観光客も激減した。

韓国政府の対抗措置は日本を輸出管理の優遇対象国から除外しただけでなく、日韓の軍事情報包括保護協定（GSOMIA《ジーソミア》）の自然延長を当面ペンディングにしたまま、協定失効寸前の状態を続けている。さらに、「最終的・不可逆的解決」とされた二〇一五年の「日韓慰安婦合意」が韓国側から一方的に反故《ほご》にされるなど従軍慰安婦問題は火種であり続け、二〇一八年末には韓国海軍の駆逐艦が日本海能登半島沖で海上自衛隊の哨戒機《しょうかいき》に火器管制レーダーを照射、日韓政府ともに非難の応酬を繰り広げるに至った。これまで協力関係を築いてきた防衛分野にも軋轢《あつれき》が生じ、竹島（韓国名・独島《トクド》）をめぐる領土問題もいつ火がついてもおかしくない状況で、山積する問題解決の出口はなかなか見えてこない。

これら一連の流れから見えてくるのは、日韓の間で曲がりなりにも腑分《ふわ》けされてきた「経済」「安保」「歴史」の領域が、ごちゃ混ぜになって全面対立の様相を呈し、国民感情の悪化に歯止めがかからなくなっていることである。双方の国民感情が焚《た》き付けられてハレーションを起こし、日本では、「断交だ」「伐《う》つべし」という過激な言葉とともに、明治の「征韓論」を彷彿《ほうふつ》とさせるような主張まで飛び出す有様である。他方、韓国では日用雑貨から自動車に至る不買運動がうねり、日本への渡航も自粛の波が広がった。

日韓関係を考える三つの視点

なぜ、このような事態になってしまったのだろうか。多くの日本人は「それは、韓国があまりに無理無体だからだ」という印象を持っているようだ。また、韓国では過去の歴史から目を背けている日本という印象が一方的にひとり歩きしている。

だが、両国の関係を「勝った」「負けた」という単純な図式で見る限り、「自国ファースト」の視野の狭窄《きょうさく》に陥ってしまわざるをえない。

そもそも、どうしてこれほどまで日韓の間で外交や安保の戦略にミゾが生じ、また両国の「感情構造」にまでその影響が及び、韓国のことであればことごとく「NO」、日本のことであれば兎《と》にも角《かく》にも「NO」といった空気が醸成されてしまったのだろうか。もっとも、そうした二項対立的な図式化は、それぞれの国民内部の世代間落差を端折《はしょ》った乱暴な決めつけである。例えば、日本の場合、様々な世論調査や分析で明らかなように、年齢が下がるに従って韓国への親しみや憧れが強く、中高年ほど韓国に対するアレルギーが強いという結果が明らかになっている。これに、男女のジェンダーの違いによる変数を加えれば、韓国に「ＮＯ」の強い拒否反応や嫌韓感情に動かされやすいのは、とりわけ中高年男性であると考えられる。しかも、その社会的なステイタスや学歴は、決して低いわけではなく、むしろ高い方に括《くく》られる男性に著しく偏っているようである（澤田克己『反日韓国という幻想』毎日新聞出版、二〇二〇年）。

これに対して韓国の場合はどうなのか、その調査や分析はこれからの課題としても、かなり日本と類似した傾向が見られるのではないだろうか。

確かに、こうした両国の世論や対外認識の社会学的な調査や分析は重要である。ただ、そうした国民の意識やイデオロギーのレベルだけでなく、そこでの変化を促しているより深い次元での転換に目を向けるならば、日韓の間の亀裂の広がりは、朝鮮半島の分断体制の変容を促している構造的な要因に由来している。つまり、「戦後最悪の日韓関係」は朝鮮半島分断体制の「終わりの始まり」という大きな時代の流れの中で起きているのである。

現在の日韓の抱える問題は、日本と韓国という二国間関係だけを見ていては、その根本にある要因を見過ごしてしまいかねない。ある時点ごとの問題をランダムに取り上げての議論は、その時々の静止画像を見ているようなもので、構造的な変化を取り逃がしてしまわざるをえない。一見、変化も進展もないような事象であっても、北東アジアを取り巻く世界情勢の変化や歴史の流れを踏まえれば、見えてくる景色は大きく変わってくるはずだ。

具体的には、現在起きている日韓の対立を読み解く視点は三つある。

まず一つは、「分断体制」というキーワードだ。遡れば、日露戦争の結果、一九〇五年に締結され、当時の大韓帝国が事実上日本の保護国となった第二次日韓協約（韓国では「乙巳《ウルサ》条約」と言われる）以来、朝鮮半島は一度として単一のユニットとして存在したことはない。第二次世界大戦後、東西冷戦の最前線に立たされた朝鮮半島は分断され、かろうじて南と北は恐怖による勢力均衡を保ってきた。しかし、二〇一八年平昌《ピョンチャン》オリンピック以降、南北あるいは米朝の間で、朝鮮半島の長い「戦後」を終わらせようとする動きが加速している。これまで前提とされてきた、南北の恐怖による勢力均衡という半永久的な分断体制がその内部から解体しつつあり、薄氷を踏むような際どい過渡期にあるとはいえ、ポスト分断体制への移行が始まりつつあると見るべきである。

それは同時に、戦後日本が前提としてきた地政学的条件の大きな変化を意味している。日本がこれまでの分断体制の恒久的な存続を死活的利益とし、「現状維持」を安全保障上の基本的な戦略とする限り、七〇年以上続いた分断を克服しようとする韓国との間で軋轢が生じるのは不可避であると言える。

次に留意すべき点は、日韓の間の国力の差が縮まったことである。日韓が国交を結んだ一九六五年時点では、日韓の一人当たりのGDP比はおよそ九対一と、両国の国力には大きな差があった。それから半世紀あまり、特に九〇年代後半のアジア通貨危機以後、韓国経済は飛躍的な躍進を遂げ、韓国は今やロシア、イタリアとほぼ同等の世界一〇位前後の経済規模になり、貿易相手国としての日本の地位は相対的に低下している。現在の日韓はかつてのような垂直分業的な上下関係から脱し、造船や家電など製造業を中心に競合しつつ、半導体やエレクトロニクス産業などの分野ではサプライチェーンが日韓の水平分業と相互依存を深めている。だからこそ、日韓の間の経済的な問題をめぐる報復措置のエスカレーションは由々しい事態になっているのだ。

かつて、経済的に圧倒的優位に立っていた日本、そしてそのことを自覚せざるをえなかった韓国にとっては、歴史問題よりも経済発展が優先されるべき課題であった。しかし、そうした状況は両国の国力差が縮小する中で変わりつつあり、そこには三つめの視点であるナショナル・アイデンティティの問題が関わってくる。自分はどの国の国民なのかという問題をめぐる角逐において、歴史をめぐる対立が避けられなくなったのである。

ナショナル・アイデンティティの衝突

日韓のナショナル・アイデンティティの衝突を辿《たど》っていくと、最終的には両国にとって近代とは何だったのかという問題に行き着く。歴史にはポジとネガの両面があるが、一言で言うならば、近代の光の側面にスポットをあてることができるのが日本であり、逆に影の部分に目を向けざるをえないのが韓国ということになるだろう。

日本にとって明治以降の歴史は、近代化を成し遂げ、列強に伍《ご》する位置まで上り詰めた輝かしさに満ちている。しかし、その光り輝く日本の近代は、膨張主義という影と切り離すことはできない。その影の側面を最初に引き受けざるをえなかった地帯こそが朝鮮半島なのであり、「韓国併合」から一一〇年、南北に分断されたまま、統一的なナショナル・

アイデンティティも作り得ないまま、韓国は日本との間に過去の歴史認識をめぐって緊張を続けているのである。

難しいのは、こうした異なる歴史観がナショナル・アイデンティティに関わる問題に直結していることだ。日本にとってのアイデンティティは、アジアで最初に近代化を成し遂げたという成功の歴史である。韓国にとっては、一九一九年の三・一独立運動に代表される日本の侵略に対する抵抗の歴史がアイデンティティの根源にあり、一九四五年八月一五日は日本の植民地支配から解放された日である。近代という同じ時代を見ていても、一方が光を、もう一方が影の歴史を強調する限り、両者の視点のギャップは埋まらず、ナショナル・アイデンティティの衝突は避けられなくなる。

そのような対立と齟齬《そご》は、戦後、朝鮮戦争をめぐってもその認識についてミゾを広げることになった。吉田茂元首相が呟《つぶや》いたように、かつての植民地国における民族相残の熾烈《しれつ》な内戦は、敗戦直後の低迷に喘ぐ日本経済復興にとって「天佑《てんゆう》神助」となった。他方で当時、米国の占領下にあった日本には国連軍後方司令部が置かれ、沖縄を含む日本国内の米軍基地からは爆撃機や戦闘部隊が出撃し、一説では二〇〇〇人以上の数の日本人が徴用されたとされている。

それでも、「戦争特需」は後の高度経済成長への決定的なモメンタムになった。朝鮮半島は事実上、廃墟《はいきょ》と化したにもかかわらず、「悲劇だったのは、戦争は何も解決しなかったということ」（ブルース・カミングス『現代朝鮮の歴史』横田安司・小林知子訳、明石書店、二〇〇三年）である。蓋を開けてみれば、結果として戦争以前の状況が復元され、休戦協定は「恐怖による均衡」を作り出したに過ぎなかった。

朝鮮半島の「長い二〇世紀」

朝鮮戦争は、冷戦下の米ソ対立の最前線となった朝鮮半島における準国際戦争であった。

そもそも、朝鮮半島を舞台にした米ソの対立が生じた原因は、日本の降伏を前に旧ソ連が当時日本の領土であった朝鮮半島北部に進軍したことにある。植民地支配から解放されたはずの朝鮮半島は米ソによって占領、分割統治された。統一国家への動きが結実することはなく、米ソそれぞれが後ろ盾となって一九四八年、大韓民国と朝鮮民主主義人民共和国という二つの国家が誕生したのである。そして南北の対立と分断は、朝鮮戦争によって決定的なものとなった。

　言うまでもなく、朝鮮半島にとっての朝鮮戦争は災厄以外の何物でもなかった。一九五〇年の戦争開始から一九五三年の休戦協定調印までの間に生じた南北双方の死者は数百万人とも言われ、同じ民族を不倶戴天《ふぐたいてん》の敵として殺し合う凄惨な事態が三年も続き、国土は荒廃の一途を辿ることとなった。

　それだけではない。朝鮮戦争は、南北に存在していた多様な政治勢力が抹殺され、両国において強固な独裁体制が成立する過程とも重なっている。内戦を通じて、強烈な反共主義を掲げる韓国の右派・保守派に支持された李承晩《イスンマン》政権の政治的基盤は強化され、その後三〇年以上にわたる軍事独裁体制が固められた一方、北朝鮮においては金日成《イルソン》が同様に他の政治勢力を一掃し、独裁色を強めていった。その後、韓国はクーデターや軍事独裁、激しい弾圧を乗り越えて達成した民主化、そしてすさまじい開発と経済成長を経験している。

　こうしたことを見ていくと、朝鮮半島というごく狭いエリアには「二〇世紀」という時代のテーマが集光レンズを通したように凝縮していることがわかる。朝鮮半島にとっての「二〇世紀」は、前半が帝国主義と植民地支配の歴史であり、後半は、冷戦という世界情勢を反映しての分断と内戦による殺戮《さつりく》、民族移動の時代であった。分断体制が続く限り、朝鮮半島の過酷な「二〇世紀」は終わらないということになるだろう。

だが、一九五〇年の朝鮮戦争開戦から七〇年が経過した現在、朝鮮半島の「長い二〇世紀」も終わりの始まりが見えてきつつある。それは今後、どのようなプロセスを辿ることになるのだろうか？　具体的には朝鮮半島の非核化、北朝鮮の核放棄に向けて、南北や米朝間の関係はどのような展開を見せ、近隣諸国の日本や中国、ロシアはどのようにそれに関与することになるのだろうか？　果たして休戦協定体制に代わる平和協定体制は実現されるだろうか？　また南北の平和共存と統一への展望は？　南北の過渡的な国家形態は？　さらにそうした分断体制の解体において日本はどんな役割を果たすことになるのか？

本書ではあらましこうした問題について考えるヒントを探っていきたい。

本書の構成について

本書のタイトルである「朝鮮半島と日本の未来」を見通すために、北東アジアにおける歴史のスパンを踏まえつつ、次のような構成で考察を深めていきたいと思う。

まず第一章では、金日成が亡くなった一九九四年を起点に、冷戦終結後の世界でなぜ北朝鮮が崩壊しなかったのかを解説する。今後、南北融和と平和共存を通じて初めて展望できる統一に向けた過程の中で、北朝鮮が核を放棄する可能性を探るには、崩壊の危機にさらされながら北朝鮮が核開発を進めてきたこれまでの経緯を見直すことが不可欠だからだ。

続く第二章では、ここ三〇年の南北融和の動きを振り返りながら、時に停滞と揺り戻しの時期がありつつも、融和の歩みが着実に前に進んでいったことを確認する。傍目《はため》から見ていると危うい「前のめり」の感が強いとはいえ、文在寅政権の対北朝鮮政策は、この章で述べる三〇年の歴史の延長線上に位置付けられるはずである。

第三章では、現在の「戦後最悪の日韓関係」に至る経過を再確認する。一九六五年の日韓基本条約締結の時点から始まっていた「ボタンのかけ違い」が、日韓両国の努力にもかかわらずより大きくなっていく経緯、そして日本側からはなかなか見えてこない韓国の立ち位置を明らかにすることが、この章の目的である。

第四章では、「コリアン・エンドゲーム」（朝鮮半島での南北分断が終焉を迎えつつあるという認識を表す用語）の観点から、「休戦」状態が続いたままの朝鮮戦争を終わらせようとする近年の動きを追っている。文在寅と金正恩《ジョンウン》という南北のリーダーと共に、鍵となるのはドナルド・トランプという異形の米国大統領だ。二〇二〇年の米国大統領選の結果は、朝鮮半島を新たな段階へと向かわせる「コリアン・エンドゲーム」の行方を左右することになるに違いない。その場合、大統領選の決定的な段階で、北朝鮮側が局面転換のために、重大な「挑発」に打って出る可能性もないわけではない。それまでは、現在の小康状態が続くのではないだろうか。この章では南北、米朝関係をメインにしながらも、さらに日本が「現状維持」を超えてこの「エンドゲーム」に加わるために何が必要なのか、その一端を提示することにしたい。

終章で描くのは、山積する日本と韓国、そして北朝鮮の間の難問をどのように解決し、今後の朝鮮半島と日本の未来を希望に満ちたものにしていくのか、そのためのラフな見取り図である。

歴史的にも地政学的にも、二一世紀の北東アジアの展望を描くとき、日本が果たせる役割は大きい。朝鮮半島の平和と安寧はもろに日本のそれらと連動しているはずであり、逆に朝鮮半島が混乱と緊張、さらに戦火に見舞われれば、日本の平和と安全もまた重大な危《き》殆《たい》に瀕《ひん》することにならざるをえない。

「新しいぶどう酒を古い皮袋に入れ」たままであれば、「その皮袋は張り裂け、酒は流れ出る」(「マタイによる福音書」第九章一七節)。この福音書の喩《たと》えにあるように、「現状維持」の思考とは、「新しい酒」を「古い皮袋」に入れても、依然として酒は流れ出ることはないとタカをくくっていることと同じである。現在の朝鮮半島は、「酒が流れ出る」古い皮袋、すなわち破綻や戦争の危機をはらんだ状態から「新しい酒」を入れる「新しい皮袋」への変化を模索しつつある過渡期にあると言える。酒が流れ出してしまわないように「新しい皮袋」を共に作り出していくプロセスそのものが、朝鮮半島と日本の未来でもある。

朝鮮半島で続いてきた分断体制の終わりの始まりが戦後日本に問いかけるものは何か、さらにこの北東アジアの地域秩序が今後どのように変化していくのか。朝鮮半島と日本の双方が葛藤を乗り越え、平和と繁栄の内に共存するラフな未来図を示してみたい。

本書の校了直前、北朝鮮の最高指導者、金正恩委員長が重体という米国CNNの報道が飛び込んできた(四月二一日現在)。真偽は定かではないが、いかなる事態になっても、本書で展開されている朝鮮半島と日本の未来への道筋は色あせることはないはずだ。

第一章　なぜ北朝鮮は崩壊しなかったのか

朝鮮半島の非核化を求めていた北朝鮮

朝鮮半島が未《いま》だ分断され「終わらない二〇世紀」の中にいる要因の一つに、北朝鮮の核問題がある。北朝鮮による核開発とその廃棄を迫る交渉が始まってから既に約三〇年が経過した。その結果生まれたのが、二〇個以上の核弾頭を保有しているとされ、ＩＣＢＭ（大陸間弾道ミサイル）発射実験を成功させた事実上の核保有国・北朝鮮である。

四半世紀以上もの歳月を費やし、東アジアの人口二五〇〇万人ほどの小さな最貧国に制裁や脅しを加えたり、あるいは譲歩や協調を呼びかけたり、硬軟織り交ぜて核問題の解決に膨大なエネルギーが費やされてきた。にもかかわらず、非核化の具体的な進捗はないまま、むしろますます北朝鮮の核開発の高度化と大規模化に拍車がかかっているのはどうしてなのか。しかも経済力と軍事力で圧倒的優位に立つ超大国・アメリカが、首脳会談を重ね、二国間で直々に非核化の交渉を進めているにもかかわらず、非核化への画期的な第一歩が踏み出せないのはなぜなのか。誰もが素朴に思う疑問である。

三〇年の間、北朝鮮核問題は進展するかに見えて後退を余儀なくされ、後退していると思うと、危機のピークから一転、進展へ向かう、行きつ戻りつの繰り返しであった。その間、いわば「危機慣れ」が生じ、「またか……」という感覚が蔓延《まんえん》してしまったのではないだろうか。そして、「北朝鮮は嘘《うそ》つきで何をしでかすかわからない」というイメージだけは定着してしまった。

ただ、表面的には不信と裏切りの連鎖が続いたように見えていても、問題解決に限りなく近づいた局面がなかったわけではない。では、なぜそれが実現されなかったのか？ 現在も膠着《こうちゃく》状態が続いている核交渉の停滞を理解するには、北朝鮮の核開発の背景に何があったのかを知る必要がある。それは、決して北朝鮮寄りの見方に与《くみ》することではない。「汝《なんじ》の敵を知る」ことなくして、的確な政策や戦略も立てられないからである。

今となっては考えられないことかもしれないが、一九八〇年代半ばまでの北朝鮮は、むしろ朝鮮半島の非核・平和地帯構想を主張する側にあった。一九八六年の政府声明で、北朝鮮は朝鮮半島の非核・平和地帯創設に関する立場を表明し、核兵器の実験・生産・貯蔵・搬入をしないことや外国の核基地を含むすべての軍事基地の設置を許容しないこと、そして外国の核兵器の自国領土・領空・領海の通過を認めないことなどを宣言している。

続けて、韓国への新しい核兵器の搬入の中止及び既に搬入していたすべての兵器の段階的減縮と完全撤収を唱え、北朝鮮と米国、韓国当局の三者間で、非核・平和地帯の創設に関する交渉が必要となればいつでも応じるという態度を見せた。

確かにこれらの動きには北朝鮮の得意とする外交的なマヌーバー（機動作戦）の面があるにせよ、北朝鮮側が韓国内に持ち込まれる米国核兵器の存在について強く懸念していたことは間違いない。

他方、一九七〇年代半ばには、当時の朴正熙《パクチヨンヒ》政権下で韓国が核兵器開発を検討したことや、さらに北朝鮮に対する核攻撃のための訓練と見なされていたチーム・スピリット（米韓合同の軍事演習）など、北朝鮮の脅威感は深刻だったはずだ。そうした脅威感は、朝鮮戦争のさなか、米国極東司令官だったマッカーサー元帥が北朝鮮への核兵器使用をトルーマン大統領に具申し、現実の核の脅威にさらされたことと二重写しになり、「脅威にさらされているのは自分たちの方だ」という圧迫感を募らせることになった。そして、冷戦終結以後、韓国がソ連や中国と国交正常化を成し遂げると、南北の勢力バランスは崩れ、北朝鮮はより一層、「封じ込められている」という意識に取《と》り憑《つ》かれていった。それは、身から出た錆《さび》とはいえ、北朝鮮がそのような脅威感の虜《とりこ》になっていったことは押さえておくべきである。

ところが、北朝鮮側のはたらきかけにもかかわらず、米国は一貫して韓国内の核兵器の存在についてＮＣＮＤ（neither confirm nor deny＝否定も肯定もしない）政策を貫き通した。冷戦下の東西対立の最前線にあった朝鮮半島の非核化は、当時の考えでは画餅に過ぎなかったのである。

一九九四年：危機の始まりと破滅の瀬戸際

北朝鮮がそれまでの方針を転換し、自国での核開発に着手するのは、冷戦終結の動きと重なっている。それは核危機と呼ばれる一連の事態を引き起こす幕開けとなった。

冷戦終結に伴ってソ連や東欧の社会主義圏が崩壊する中で、北朝鮮は安全保障と経済の両面で窮地に立たされていた。大きな契機となったのは、一九八七年の韓国民主化で選出された盧泰愚《ノテウ》大統領の積極外交により、北朝鮮の後ろ盾だったソ連、中国が韓国と国交を結んだことである。ソ連の核の傘の下での安全保障はもはや成り立たず、またソ連の経済援助に頼っていた北朝鮮経済は壊滅状態に陥った。その上、友好関係にあった東欧の共産党政権は相次いで倒れ、北朝鮮の孤立は一層際立っていく。民主化と経済発展を成し遂げ、一九八八年にソウルオリンピックを成功させた韓国との国力差は明らかであった。

一九九一年、南北は国連に同時加盟し、朝鮮半島でも脱冷戦が進んでいるかのように見えた。しかしその一方で、危機感を募らせた北朝鮮は体制存続の方策の一つとして自国での核開発へと動き出す。ベルリンの壁が崩壊した一九八九年にフランスの衛星写真によって寧辺《ニヨンビヨン》周辺に核施設と疑われる存在が認められると、国際社会に動揺が走った。

以後、核というカードを用いながら破滅の瀬戸際まで強気の姿勢で臨む北朝鮮の「瀬戸際外交」が展開されていく。まずは、北朝鮮核危機の起点である一九九四年とそこに至る経緯を遡ってみよう。一九九四年の第一次核危機では、北朝鮮核兵器開発疑惑をめぐり、米朝全面戦争がおきかねないほど一触即発の危機に見舞われた。

一九九一年、IAEA（国際原子力機関）理事会は北朝鮮が核査察協定に調印し、査察を受けるよう決議したが、北朝鮮は「韓国に配備されている米国の核兵器を撤去しない限り同意しない」と反発。これを受けて、米国は韓国に配備されている核ミサイルを撤去すると表明し、盧泰愚大統領は在韓米軍の核兵器は韓国から完全に撤去されたとする「朝鮮半島の非核化と平和構築のための宣言」を発表、今後、核燃料の再処理施設や核濃縮施設を保有しないと宣言した。続けて、南北間の和解と不可侵および交流協力に関する「南北基本合意書」が両国によって署名される。

これらの動きを通して交渉は解決に向かうかに見え、翌一九九二年一月、北朝鮮はIAEAが求める保障措置協定に署名、二月には南北の「朝鮮半島の非核化に関する共同宣言」（非核化共同宣言）が発効、五月には北朝鮮の核施設に対するIAEAの核査察が始まることとなった。この「非核化共同宣言」はいわば南北が核兵器の「実験しない」「製造しない」「生産しない」を守り、搬入・備蓄・貯蔵・配備・使用しないという、日本の非核三原則より厳しいものであった。北朝鮮だけの非核化にとどまらず、米国も朝鮮半島に核を搬入したり備蓄したりできなくなり、朝鮮半島は完全に非核化され、核エネルギー利用はすべて平和目的に限定されることが決められたのである。この画期的な共同宣言をどう実現していくかが問われることとなった。

だが、軍事施設に対する査察を拒否した北朝鮮は結局、一九九三年にNPT（核兵器不拡散条約）からの脱退を宣言する。この年、盧泰愚に代わって韓国大統領に就任した金泳《ヨン》三《サム》はＩＡＥＡ特別査察を南北対話の条件とする強硬姿勢に転じ、南北関係も緊迫の度合いを強めていった。北朝鮮に配慮して中止されていたチーム・スピリットは再開され、それに刺激されたかのように北朝鮮はミサイル発射実験を強行する。

緊張が高まる中、米朝両国のギリギリの模索が続けられた。ＮＰＴからの脱退を表明した北朝鮮が目指していたのは、米朝二国間交渉に米国を引っ張り出すことであった。北朝鮮にとっての核は抑止力であると同時に、米国に対する最大限のレバレッジと見なされたのである。ひとまず目的は達成され、同年六月に発表された「米朝共同声明」は、初の米朝直接交渉の成果となった。「核兵器の使用を行わず、それによる威嚇も行わない」「全面的な保障措置適用の公正性確保を含む朝鮮半島の非核化、平和安全を保障し、相手側の自主権を尊重し、内政に干渉しない」「朝鮮の平和的統一を支持する」などの原則を謳い、米朝対話を継続することを約束するこの声明は、関係改善の原則を宣言した、画期的なものであった。北朝鮮はＮＰＴ脱退を「一時停止」するとし、核問題の平和的解決の合意が確認され、米国との和解も進むかに思えた。

しかし、ＩＡＥＡと北朝鮮の溝は埋まらず、一九九四年三月、ＩＡＥＡは「北朝鮮の核物質が核兵器に転用されていないことを検証することはできない」として視察団を撤収させ、北朝鮮核問題を国連安保理に付託することを決定した。その後、北朝鮮はＩＡＥＡとの交渉で紆余《うよ》曲折を繰り返した末、六月にＩＡＥＡ脱退を表明、国連安保理での制裁は「宣戦布告」だと表明し、国際社会を敵にまわすような行動に打って出る。一触即発の緊迫感が高まった六月、ジミー・カーター元大統領が特使として訪朝、金日成主席との会談を成功させ、米国が武力行使のゴーサインを出す数時間前に米朝の全面衝突は回避された。

当時、米国は寧辺核施設を爆撃する詳細なシミュレーションを行っていた。米軍の最新鋭空軍装備によりピンポイントで爆撃が成功したとしても、北朝鮮による報復で米国人約一〇万人を含む一〇〇万人以上の死者が生じ、戦争当事国や近隣諸国が被る損害総額は一兆ドルに上るというシナリオも示された。シナリオが現実となる悪夢を阻止したのがカーター訪朝であり、北朝鮮はかろうじてＮＰＴにとどまって、再び非核化への試みが始まったのである。

米朝枠組み合意と金日成の急死

一九九四年一〇月、米国と北朝鮮両政府の代表はスイスのジュネーブで会談し、朝鮮半島核問題に関する交渉が行われた。そこでつくられたのが「米国と朝鮮民主主義人民共和国間の合意枠組み」（米朝枠組み合意）であり、韓国内の米軍撤退など細かな事項までは煮詰まってはいなかったが、それまでの両国の交渉から生まれた諸原則にのっとり、米朝間の敵対関係を終わらせ、朝鮮半島の融和を目指す方向性を示していた。

この合意で最初に謳われたのは、北朝鮮の核兵器開発に転用可能な黒鉛減速原子炉および関連施設を軽水炉施設に転換することへの協力である。

実施にあたっては、翌年設立された朝鮮半島エネルギー開発機構（ＫＥＤＯ：The Korean Peninsula Energy Development Organization）が北朝鮮に対する軽水炉供与と代替エネルギー供与などの事業を担うとされ、これは米国・韓国・日本を理事国として発足、後にＥＵ（欧州連合）も理事国に加盟するという国際共同事業体であった。具体的には、二〇〇三年までに軽水型原子炉二基を建設するとともに、代替エネルギーとして年間五〇万トンの重油を北朝鮮に提供し、四六億ドルに上る総事業費のうち韓国が三二億二〇〇〇万ドル、日本が一〇億ドルを負担し、不足額は米国の責任で調達することが取り決められた。

米朝枠組み合意のもう一つの柱は、「両国は、政治的、経済的関係の完全な正常化に向けて行動する」という、米朝対話を進めていくための段取りである。「通信サービスや金融取引の制限を含め、貿易、投資に係る障壁を軽減する」「それぞれの首都に連絡事務所を開設」「両国の関心事項において進展が見られた場合、米国・北朝鮮は、両国間関係を大使級の関係に進展させる」といった取り決めがなされた。

この合意において、一九九二年の「朝鮮半島の非核化に関する共同宣言」に従って、米国側は北朝鮮に脅威を与えず、北朝鮮は核実験とミサイル発射を停止することにより、将来的には休戦状態を平和状態にするという方向が示された。北朝鮮側は、経済制裁の解除はもちろん、最終的には米朝の国交正常化まで辿り着くと期待していたし、米国が合意に基づいて北朝鮮と向き合い、北朝鮮の核放棄まで積極的に関与していたとしたら、朝鮮戦争終結及び平和協定の締結までの道筋がつくられていたかもしれない。

しかし、事態はこうした期待通りには進まなかった。米朝枠組み合意が締結される前の七月、「北朝鮮建国の父」金日成の急死により、情勢は一挙に流動化していくことになる。

北朝鮮は「絶対悪」の化身なのか

なぜ金日成の死去が米朝枠組み合意の実行に影を落とすことになったのかを見ていく前に、そもそも北朝鮮とはどのような国家なのかということを今一度確認しておきたい。

日本で北朝鮮は「絶対悪」の化身であるかのような、特異な国家と見なされている。独裁、粛清、指導者に対する絶対的服従、国民総動員の翼賛体制など、北朝鮮に対する恐怖や嫌悪を煽《あお》り立てる材料にはことかかない。だが、冷戦期、ソ連をはじめとする東側の共産主義諸国が居並ぶ中で、北朝鮮だけが特異だったわけではない。興味深いのは、やはり冷戦時代に分断され、ソ連の支援を受けていた旧東ドイツとの比較である。旧東ドイツのホーネッカー書記長は金日成の刎頸《ふんけい》の友であり、両国は非常に親しい関係にあった。シュタージ（国家秘密警察）によって全国民を監視下に置き、まさにジョージ・オーウェルのSF『一九八四年』的世界を実現させていた旧東ドイツもまた、「西側」からすれば特異な国家であったと言えるだろう。

それが、一方はその後三代にわたる「金王朝」の祖となり、もう一方は冷戦末期に失脚し、体制崩壊とともに国を追われた。両者を分けたものが何であったかを考えるとき、北朝鮮が冷戦のみならず「熱戦」（武力行使を伴う戦争）を戦い、膨大な犠牲を払ったという点が重要である。内外の逆境を吸収する北朝鮮のしたたかさは、おそらくこの「熱戦」の経験に拠《よ》ると思われるからだ。それに、東ドイツは所詮、ソ連の衛星国として創建された、いわば外部移植型の国家であった。これに対して北朝鮮は、たとえソ連の後ろ盾で成立した共産圏国家であっても、ソ連の単なる傀儡《かいらい》国家ではなかったのである。

北朝鮮という国家を特徴づけるものはいくつかあるが、まずは歴史学者の和田春樹が言うところの「遊撃隊国家」がある。満州抗日遊撃戦争の戦士だったとされる金日成の「神話」は、北朝鮮建国の「神話」と一体化されている。パルチザン的行動原理が国家中枢にあった北朝鮮では、危機に陥るたびに「抗日遊撃隊式で闘おう」と国民に呼びかけられ、唯一の司令官である首領に、遊撃隊員と見なされた国民全体が従うことを求めていった。朝鮮戦争をくぐり抜けて臨戦態勢を敷く兵営国家に変貌していったのは、ある意味で自然な成り行きだった。

さらに、九〇年代半ば以降の経済崩壊と食糧危機の中で成立した、最高司令官である金正日《ジョンイル》と軍隊が国家と党を管理し代行する「先軍政治」には、和田の言葉を借りれば、「正規軍国家」モデルが当てはまるのではないか。

もう一つ、北朝鮮を表すキーワードとして「聖家族」（もともとは幼少年期のイエスと聖母マリア、そして父ヨセフを指す用語。転じて、金日成の血統を特別なものとして呼称した用語）を挙げておきたい。「永遠の主席」「偉大な首領」と崇《あが》められる金日成は本名は金成柱《ソンジュ》で、日本統治下の一九一二年、平壌《ピョンヤン》郊外大同《テドン》郡南里《ナムリ》で生まれている。当時の平壌はアジアにおけるキリスト教の一大中心地で、金日成の母、康盤石《カンバンソク》は熱心なクリスチャンであり、外祖父はキリスト教長老会の牧師だったと言われている。金日成の父、金亨稷《ヒョンジク》はクリスチャンを中心に組織された民族主義団体、朝鮮国民会の結成にも参加していたが、当局に逮捕され、出獄した後、満州に向かった。金日成も家族とともに満州に移り住んだ後、父の命により、一〇代前半の二年を祖父の教会学校で学んでいる。キリスト教文化の中で子供時代を過ごした金日成は幼少期に洗礼を受けていた可能性があり、いずれにしても、金日成がキリスト教に深く馴染《なじ》んでいたことは間違いなさそうだ。

ちなみに、最初の金日成の銅像がベールを脱ぐのは奇《く》しくも一九四九年のクリスマスであったが、数ある政治勢力の中から金日成が本格的に個人崇拝の対象となるのは、競合する勢力の粛清が行われる朝鮮戦争休戦後のことである。やがて「偉大なる指導者」として神格化された金日成とその息子の金正日、孫である金正恩という、血統主義に基づいた三代にわたる「聖家族」のイメージが形成されていく。

北朝鮮の国家イデオロギーとしては、金日成が掲げた「唯一思想体系」の「チュチェ（主体）思想」が知られている。それは「主体思想」として主に「自力更生」を説くものであり、マルクス・レーニン主義という「一般原則」に則《のっと》りつつ、「思想における主体、政治における自主、経済における自立、国防における自衛」という立場を押し出している。つまり外国（具体的には主にソ連と中国）に依存せず自分たち北朝鮮国民の力で国家を成り立たせていくという建前のもと、朝鮮戦争後、「チュチェ思想」は社会基盤が破壊された北朝鮮の復興を支える国家イデオロギーとして、金日成の唯一指導体制を確立させる役割を果たしていく。だが、これは北朝鮮独自の思想というよりは、儒教やキリスト教原理主義、マルクス・レーニン主義を融合させた、ある種のアマルガムと言えるだろう。

ただし、北朝鮮を「聖家族」が君臨する硬直した、いささかも変化しない独裁国家と見なすのは、一面的だ。なぜなら、北朝鮮は外部の印象と違い、これまで自らを取り巻く状況に応じて柔軟に、そして実にしたたかに、幾度も変化を遂げてきたからだ。この北朝鮮の動態的な面を見なければ、北朝鮮が崩壊しなかった背景は見えてこない。

「北朝鮮早期崩壊」のシナリオに踊らされた人々

一九九四年の第一次核危機の際、金日成は既に八〇代であったが、カリスマ性に衰えは見られなかった。体制存続の危機を強く自覚していたはずの彼は、カーター米元大統領訪朝という千載一遇の機会を捉えて、南北の関係改善にも意欲を見せ、歴史上初となる南北首脳会談の準備も急ピッチで進められた。しかし、平壌で予定されていた金泳三との会談の直前、金日成は心臓発作により急死してしまう。「建国の父」として約半世紀にわたって北朝鮮に君臨した金日成の死去により、北朝鮮の行く末はまったく不透明となった。

金日成の死を報じた当時の有名な米国のニュース雑誌などは、「首なし怪獣（Beast without Head）どこへ行く」という扇情的なタイトルのもと、ポスト金日成の北朝鮮国家の存続の危うさを予見していた（Headには「首領」という意味もあり、指導者を欠いた国の行く末を案じる表現になっている）。後継者の座についた長男の金正日はアルコール依存症で病気があり、大変な好色漢で、クレイジーな人物だと描写され、そのような人間がトップとなる北朝鮮は何をしでかすかわからない、というのである。その時点まで金正日の人物像はベールに包まれていた。朝鮮人民軍最高司令官であった金正日の権力基盤がどれだけ確かなものかも不明であり、揣摩憶測《しまおくそく》が飛び交った。

その一つが、「カリスマ指導者・金日成を喪《うしな》った北朝鮮は一年以内に内部崩壊する」というものであった。金日成の死を境に、金泳三政権が態度を一変させたのも、そうした憶測に基づく行動だった。韓国は圧倒的優位に立ち、朝鮮半島は将来的にドイツ型の吸収合併に向かう可能性が高まったとし、金泳三政権は北朝鮮と米国、あるいは日本との交渉を批判的に捉えるようになっていく。

「北朝鮮崩壊」を見立てていたのは、米国も同様である。三年の喪に服す中、金正日は金日成が敷いたレールに乗って米朝枠組み合意に取り組んだが、クリントン政権首脳部は「北朝鮮は間違いなく崩壊する」「たとえ北朝鮮と合意を結んでも最終的に履行されることはない」と楽観し、交渉を本気で進めようとはしなかったふしがある。リベラルなクリントン政権にとっては、人権を抑圧する独裁国家・北朝鮮をまともな交渉相手として遇したくないという意識も働いていたのではないだろうか。米朝枠組み合意を伝える米国メディアは米国が北朝鮮に譲歩し、危険な独裁国家の延命を可能にしたと批判的だった。その上、さらに合意調印の直後に行われた議会選挙の結果、共和党が上下両院で過半数の議席を獲得、結局議会の承認が困難なため、条約の形式ではなく合意の形にならざるをえなかった。

北朝鮮が期待していたテロ支援国家の指定解除も実現せず、経済を立て直すきっかけも得られず、北朝鮮は態度を硬化させていく。米国の対敵性国交易法やテロ支援国家に対する制裁規定、共産国家に対する制裁規定などが足かせになり、枠組み合意第二条一にあった、合意後「三ヶ月以内に通信サービスおよび金融取引制限を緩和」ということも進まなかった。これらは北朝鮮にとっては米国による合意不履行と見なされ、合意の実効性そのものへの強い疑念が深まっていくことになった。

失われた好機

実際には「北朝鮮早期崩壊」という観測を裏付ける根拠はなく、「ソ連が瓦解し、ホーネッカーの東ドイツもチャウシェスクのルーマニアも崩壊したのだから、北朝鮮も続かないはずだ」「世襲制の独裁国家が長く持つわけがない」という予測は、希望的観測の域を出るものではなかった。

振り返ってみれば、金日成死去後のこの数年間こそが朝鮮半島非核化と米朝国交正常化を実現させる絶好のチャンスであった。国家存続の危機に陥っていた北朝鮮は、窮地を脱するために米国や日本を含む周辺地域との関係改善を模索せざるをえなかったからである。

北朝鮮の経済は完全に行き詰まっていた。建国後の一時期は韓国経済をしのぐ勢いにあったものの、やがて重化学工業と軍事偏重の援助経済は限界を迎える。一九七〇年代、オイルショックに直撃された北朝鮮は事実上の対外債務不履行に陥り、一九七九年には国連の開発プログラムに援助を申請するまでに追い込まれていた。さらに経済的な依存関係にあったソ連と東欧社会主義圏が崩壊すると、北朝鮮の経済的苦境は困窮の度を強め、一九九五年から一九九七年には「苦難の行軍」と呼ばれる深刻な飢餓に見舞われた。一説では一五〇〇万人以上が亡くなったとされ、飢餓に耐えかねた脱北者も相次いだ。

一九九五年夏、北朝鮮を未曽有の大洪水が襲い、北朝鮮は建国以来初めて国連に緊急援助を要請し、五億ドル近くの救済基金と燃料や医療援助を求めた。これに先立ち、北朝鮮は日本や韓国に緊急食糧援助を求め、日本は三〇万トン（後に二〇万トンを追加）、韓国は一五万トンの米の供給に同意する。また、米国も人道支援として食糧援助を行った。

こうした国際社会への要請は、独立独歩を旨としてきた北朝鮮にとっては異例であり、自ら破綻宣告をしたに等しいものであった。それだけ北朝鮮が陥っていた窮地は深刻なものだったと言えるだろう。したがって、国家として生き延びる確証を得ようともがく北朝鮮の深刻な危機に対して、北朝鮮崩壊のシナリオを織り込む米国側の態度は完全にミスマッチであった。

一般的に、北朝鮮は核合意をしても守らない「嘘つき国家」と思われている。確かにそうした面は否定できず、国際社会からの食糧援助を必要としていた一九九八年にも北朝鮮はテポドン1号を発射（北朝鮮は人工衛星「光明星1号」の打ち上げと説明）するなど、自ら危機を招くような行動に走っている。

だが、一方の米国も合意実現に向けて積極的に動いたとは言えない。「北朝鮮崩壊」の見立ては朝鮮半島の和平実現における最大の失敗だったと言えるだろう。交渉の初期段階だった米朝枠組み合意の履行に向け、北朝鮮が今後も存続することが前提とされていたら、核問題が早期に終結し、朝鮮半島の融和が進んでいた可能性も考えられる。掛け違ったボタンのように双方の思惑がすれ違う中、米国は北朝鮮が発し続けてきたシグナルを見誤り、結果的に北朝鮮の核兵器開発が進み、危機はエスカレートしていくばかりだった。

北朝鮮の変化と金大中の太陽政策

三年の喪が明けても、金正日は金日成の称号「首領」や国家主席の地位を継ぐことはなく、これらはいわば「永久欠番」扱いとされた。「党と革命の永遠の主席」である金日成の遺訓に従って国家を統治する「遺訓統治」を奉じつつ、金正日は苦境に陥った経済を立て直すにあたり、緊急避難的に軍を国家の中枢に据える「先軍政治」体制に移行する。金正日の肩書きは国防委員会委員長であったが、「軍隊こそ党であり、人民であり、国家だ」という革命哲学」に基づく「先軍政治」により、国防委員会が朝鮮労働党を超える最高意思決定機関となる異常な状態が到来したのである。

一九九九年、北朝鮮の「労働新聞」「朝鮮人民軍」「青年前衛」三紙の新年共同社説は「経済建設」を「強盛大国建設」の土台となる最も重要な課業だと力説した。これは、北朝鮮の経済重視の基本方針を打ち出したものであり、自力更生ではない新たな道、具体的には改革・開放路線の模索である。これには、中国の改革開放路線が大きく影響を与えていたと思われる。

経済制裁緩和を目指す北朝鮮にとって米国や周辺諸国との関係改善は欠かせないものであったが、そこに現れたのが一九九八年に大統領に就任した金大中である。民族統一を自らの悲願と公言してきた金大中は就任演説で北朝鮮に対する太陽政策（包容政策）を唱え、北朝鮮の度重なる挑発にも動じることはなかった。

金大中の対北朝鮮政策の柱は「いかなる軍事挑発も許さない」「北朝鮮を崩壊させたり吸収したりする意図は持たない」「和解と、最も合意しやすい分野からの南北間協力を活発に推進する」というものであった。特に二番目の「北朝鮮を崩壊させたり吸収したりする意図は持たない」は、北朝鮮を対話の場に引き出すためのポイントであった。そして、二〇〇〇年三月に金大中がベルリン自由大学で行った「ベルリン演説」を契機に、六月、平壌で歴史的な南北首脳会談が開催されるのである。金大中の包容政策については、第二章で詳しく述べることにしたい。

米朝国交正常化に近づいた二〇〇〇年

二〇〇九年、亡くなる直前の金大中氏にインタビューする機会を得たとき、氏は私に次のように語った。

「一九九八年に当時のクリントン大統領に初めて会ったときのことです。彼はまず『太陽政策とは何か』と聞いてきました。私の説明を聞いたクリントン氏は記者たちもいる前でこう言ったのです。『金大統領がハンドルを握って運転し、私は横の席に移って補助的な役割をします』と」

実際、このころには北朝鮮が早期に崩壊しないことは明らかとなり、米国の対北朝鮮政策は転換の時期を迎えていた。元国防長官のウィリアム・J・ペリーが北朝鮮政策調整官となり、「望ましい北朝鮮」ではなく「あるがままの北朝鮮」を交渉相手として認める方針を打ち出した「ペリー・リポート」が公表される。北朝鮮の大量破壊兵器やミサイル脅威削減のための段階的アプローチは、別名「ペリー・プロセス」と呼ばれ、北朝鮮が取るべき第一の道として、核兵器だけではなく長距離ミサイル等の大量破壊兵器の放棄と引き換えに米国と全面外交関係を樹立し、朝鮮戦争を終わらせる平和協定締結が示された。

こうした米国による歩み寄りの最大のハイライトとなったのは、二〇〇〇年一〇月の北朝鮮軍事上ナンバー2の地位にあった趙明禄《チヨミヨンロク》国防委員会第一副委員長のワシントン訪問と「米朝共同声明」、それに続くオルブライト国務長官の訪朝である。

米朝共同声明の最も重要な点は、「双方は、如何《いか》なる政府も他方に対して敵対的な意思は持たない」という宣言である。また、一九九四年の米朝枠組み合意を遵守し、関係改善の努力を続けることが確認され、さらに「一九五三年の停戦協定を強固な平和保障体系に替え、朝鮮戦争を公式に終息させるために四者会談など様々な方法がある」という見解を共にしている。「四者」とは南北と米中を指すが、停戦協定に署名していない韓国を当事者と認めてこなかった従来の北朝鮮を考えれば、これは画期的なことであった。こうした変化には、先立つ南北首脳会談などの太陽政策が大きく影響を与えたと言えるだろう。

米朝共同声明が発表された二週間後、訪朝したオルブライト国務長官に対し、金正日はクリントン大統領の訪朝を要請した。これが実現していれば、ほぼ半世紀にわたって戦争状態を凍結させてきた不正常な米朝関係に終止符が打たれ、平和協定による国交正常化は大きく前進していた可能性が高い。しかし、クリントンの大統領任期は終わりに近づいていた。オルブライト訪朝から二週間後の米国大統領選挙で次期大統領に選ばれたのは、本命視されていたアル・ゴアではなく共和党のジョージ・ブッシュであった。

揺れる米国、ぶれない北朝鮮

二〇〇一年に発足したブッシュ政権は、それまでの北朝鮮関与政策を覆し、強硬路線へと転じた。北朝鮮の側から見れば、過去一〇年近くに及ぶ米朝関係構築の道が突然閉ざされたと感じただろう。再び米国を交渉の場につかせようと、核を切り札とする瀬戸際外交が繰り返され、国際社会のさらなる不信を招くという悪循環が続いていく。

第一章では主に非核化をめぐる米朝の交渉の歩みを見てきた。北朝鮮の度重なる挑発と裏切りに、非核化が進展しない原因はすべて北朝鮮にあるというイメージが強い。その点で北朝鮮の苦境は、自ら招いた自業自得の面があることは否めない。

だが、これまでの経緯から明らかなのは、問題は北朝鮮側だけではなく、明確な一貫したポリシーを持たずに北朝鮮と交渉することになった米国や韓国の側にもあるということだ。北朝鮮が一貫して求めていたのは核保有国になることではなく、あくまで体制存続の保証であった。そして、体制保証の交渉相手は米国に限るというのも、北朝鮮の変わらぬ方針である。一方で、米国と韓国は、冷戦終結という状況を受けて北朝鮮崩壊を期待し、交渉を前に進める動きを躊躇《ちゅうちょ》することになったのである。

一九九四年の第一次核危機以来、朝鮮半島非核化と平和協定締結の可能性が示されつつも、それは常に裏切りと失望で終わった。しかし、状況はまったく前進しなかったわけではなく、同じことが繰り返されているように見えて、螺旋《らせん》状にゴールに向けて歩みを進めており、それは南北融和についても同じことが言える。現在の南北、そして米朝の融和に向けての歩みは突然始まったものではなく、そこには過去の試行錯誤の積み重ねがあることを忘れてはならない。次章では、南北融和の三〇年を振り返りながら、何が実現され何が可能性として残されているのか、詳述していくことにしよう。

第二章　南北融和と「逆コース」の三〇年

歴史的必然としての文在寅政権

朝鮮半島の行く末を考えるにあたり、非核化と同時に見ていかなければならないのは、南北融和の動きである。もちろん、これは文在寅政権になって突然始まったことではない。南北分断を終わらせようとする動きが韓国で生まれたのは冷戦終結の時期であり、以来三〇年、途中、「逆コース」を辿りながらも、様々な試行錯誤が積み重ねられてきた。現在の文在寅政権の南北融和路線はこうした歴代政権のレガシーの上に立つものであり、朝鮮戦争停戦後の「ピース・キーピング」（三八度線の維持・固定）を「ピース・メイキング」（三八度線の解体と平和協定の締結による平和体制の確立）に転換していこうとする長く困難な道のりの途上にあると言える。

もっとも、後に触れるように、文政権の外交的な拙劣さや未熟さも災いし、日本との摩擦に加え、北朝鮮とも関係が冷え込み、アメリカとも足並みが乱れて「ピース・メーカー」としての文政権の立ち位置はますます困難になりつつある。それでも、南北融和の歴史的な歩みとその背景を踏まえれば、文在寅政権を単純に親北・左派と切ってすてることはできないはずだ。

南北が国連に同時加盟した一九九一年から初の南北首脳会談が行われた二〇〇〇年は、韓国の主導により南北分断を終わらせようとする力学が働いた一〇年間であった。注目すべきは、冷戦下では米国の従属変数として動いていた韓国が積極的にイニシアチブを取り始めたことである。韓国は米韓関係を基軸としながら自らエージェントとなって米朝を繋《つな》ぎ、米朝融和を促すことで、朝鮮半島に残る冷戦構造の解体に繋げようとした。第一章で述べたように、その動きは米朝枠組み合意やクリントン政権末期の米朝共同声明など米朝関係の改善に影響を与え、さらには日朝関係にもその余波は及んでいくことになった。

南北融和というと金大中政権の太陽政策（包容政策）が知られているが、最初のエポックメイキングな転換となったのは盧泰愚政権による「北方政策」である。

一九八七年の民主化によって生まれた盧泰愚大統領は、金大中と金泳三という二人の民主的候補が相争う中で漁夫の利を得た元軍人であった。前任者の全斗煥《チヨンドウフアン》の盟友であり、粛軍クーデターや光州事件の責を問われ断罪された盧泰愚だが、単なる軍事政権の亜流ではなかった。米国の国務長官だったコリン・パウエルの例にあるように、軍人であるからといって保守強硬派とは限らず、むしろ現実的選択としてリベラルな路線を取ることがある。盧泰愚もまた、軍人だからこそ南北の戦争を回避する必要性を痛感していたのだろう。また、盧泰愚政権初期は冷戦終結の時期と重なり、それまで常識だった東西対立の枠組みが急速に崩れていった。ポスト冷戦の時代に入り、冷戦構造の中に組み込まれて反共を叫ぶだけでは韓国は行き詰まってしまうと見られていたのである。

東西ドイツ統一という先行モデル

国民の直接選挙により大統領に選出された盧泰愚は、「民族自尊と統一繁栄のための特別宣言」（七・七特別宣言）を発表し、その中で「南北クロス承認」という政策を打ち出した。これは日米の北朝鮮承認と中ソの韓国承認により南北の平和共存を目指すもので、南北だけの自主的な大同団結ではなく、米国、日本、中国、ソ連という周辺諸国を巻き込むことにより、南北関係構築は一層緊密になるという目算があった。

この盧泰愚の外交方針は「北方政策」と呼ばれたが、これは西ドイツの「東方政策」に倣った名称である。「東方政策」は、一九六九年から一九七四年に西ドイツの首相を務め、後にノーベル平和賞を受賞したヴィリー・ブラントによって展開されたもので、これにより共産圏の東ドイツや東欧諸国との緊張緩和が進められた。東ドイツを対等な交渉相手とする「東方政策」は、それまで東ドイツを国家として認めていなかった西ドイツの外交方針を大きく転換させたと言える。ブラントのはたらきかけにより、東西両ドイツの首脳会談が初めて実現し、一九七二年には東西ドイツ基本条約を締結、東西ドイツは国連同時加盟を果たす。ブラントの「東方政策」は後継のシュミット首相らに受け継がれ、その成果は一九七五年の全欧安全保障協力会議（ＣＳＣＥ）で採択されたヘルシンキ宣言に結実した。国家主権の尊重や国境の不可侵、紛争の平和的解決等を謳ったこの宣言は、会議に出席したソ連を含めたヨーロッパ三三カ国に米国、カナダを加えた計三五カ国の首脳が調印し、冷戦下のデタント（緊張緩和）に貢献した。

ブラントの時代から二〇年後、東西ドイツは統一され、一つのドイツとなった。同じように、冷戦下の東西対立により分断国家となった韓国にとって、「東方政策」とその結実としての統一は大きなインパクトを与えたに違いない。そして、盧泰愚の「北方政策」は、ドイツから二〇年遅れて朝鮮半島にデタントをもたらしていく。

すれ違う日米韓の思惑

盧泰愚のブレーンとして朝鮮半島のデタントに邁進《まいしん》した林東源《イムドンウォン》の言葉を使えば、盧泰愚政権は「ピース・キーピング」という現状の南北の固定化を堅持しつつ、「ピース・メイキング」、つまり自分たちが仲介者になってその固定化を解体していく方向に向かおうとしたのである。南北の平和的共存を実現させるために、かつての東西ドイツのように、南北で同時に国連に加盟することが目指された。一九四八年に北朝鮮と韓国が誕生して以来、双方は自らの正統性を主張してきたことから、両国共に国連未加盟だった。特に北朝鮮は、南北の国連加盟は朝鮮半島の分裂を固定化させるとして否定的な態度を続けていた。盧泰愚の「北方政策」の眼目は、北朝鮮サイドに立つソ連、中国と国交を結ぶことで韓国の国連加盟の道を開き、同時に北朝鮮にも国連への加盟を受け入れさせることにあった。「南北クロス承認」の一つの梃子《てこ》となったのは、中曽根政権時代の日本の対東アジア外交であった。一九八二年から一九八七年まで首相の座にあった中曽根康弘は、中韓関係回復を側面から後押ししようとした。就任後初の外遊先として韓国に赴き、それが日本の首相による初の公式訪韓になった他、中国との関係構築にも力を入れ、その姿勢は総理退任後も続いていく。いわば中曽根政権が地ならしした日韓、日中の友好関係は、「南北クロス承認」を後押しする形となり、中曽根の後に続いた政権も「南北クロス承認」を支持した。中曽根政権は、冷戦末期の東アジアの変化に即応して、中韓関係の橋渡しの役割を演じ、この地域の新しい秩序形成の仲介のプレーヤーとなったのである。

とはいえ、日韓の思惑は違うところにあった。日本が望んでいたのは、あくまで南北の固定化を前提とした朝鮮半島の安定であり、北東アジア全体の安保秩序・平和秩序を展望するというよりは、むしろクロス承認をすることで半永久的に南北を固定化させることが日本の安全保障にとって有利だという考えであった。米国も同様の考えを持っていたはずだが、これは南北の固定化を解体しようとする韓国の狙いとズレが生じざるをえなかった。

一九九一年「南北基本合意書」の重要性

盧泰愚政権の対北政策の成果として、一九九一年の南北国連同時加盟、第一章で述べた一九九二年の「朝鮮半島の非核化に関する共同宣言」（非核化共同宣言）などがあるが、中でも重要なのは、一九九一年に発表された「南北基本合意書」である。

この合意書に先立つ一九年前の一九七二年にも、ニクソン訪中による情勢変化を受けて南北は対話の場を設け、「自主的・平和的・民族大団結」に基づいて平和統一を目指すことを謳った「南北共同声明」が発表されている。通称「七・四共同声明」と呼ばれるこの声明は当初、朝鮮半島の共存と平和をもたらすとして内外で歓迎されたが、実質的には相互の国家体制を承認し合い、その敵対関係を梃子にして、独裁体制を強化する決定的な転機となってしまっていた。その意味で、一九九一年の南北基本合意書は朝鮮戦争以来初めて南北間の和解と不可侵を謳ったものと言える。ブラントの「東方政策」がそうであったように、互いに相手を不倶戴天の敵ではなく、国家として認め合うことは、分断解消に向けての第一歩であった。

五回にわたる南北高位級会談によって練り上げられ、お互いの体制を認めて共存し、休戦条約を平和状態に変えようとの合意に至った点で、この合意書は画期的であった。その後の北朝鮮の核開発疑惑とそれに伴う緊張激化により、南北基本合意書は必ずしも遵守されたわけではないが、ここで交わされた合意をどのように実現していくかということが、後の政権に引き継がれていくのである。

金泳三の揺り戻し

朝鮮半島の冷戦構造を終わらせる阻害要因の一つとなってきたのが、韓国における「南南葛藤」である。対米一辺倒と反共を奉じる保守的な右派勢力が慶尚南道《キョンサンナムド》、慶尚北道《プクト》を中心とし、南北融和と民主化を求める左派勢力が全羅《チョルラ》南道、全羅北道を基盤とする形で地域対立とオーバーラップし激しく対立、そのせめぎ合いは今日まで続いている。南北関係の改善が進もうとするたび、南南葛藤が激化し、融和の動きを逆戻りさせるパターンは、現在の文在寅政権でも見られる現象だ。

基本的に右派に支持される保守政権は南北融和に後ろ向きだが、盧泰愚はポスト冷戦の時代状況を捉えて、むしろ分断を乗り越える方向へと積極的に動いた。一方、盧泰愚の後継として一九九三年に政権の座に着いた金泳三は、元軍人の盧泰愚と異なり、韓国民主化運動の旗手として知られた政治家であった。初めての文民政権で北朝鮮との対話も一層進展していくと思われたが、実際にはそれとは逆に揺り戻しが顕著になっていく。

当初、金泳三は北朝鮮との融和に意欲を見せていた。しかし、第一章で述べたように、北朝鮮早期崩壊への期待と韓国の圧倒的優位という状況から、次第に吸収合併統一へと傾いていく。それにより、盧泰愚政権が進めてきたドイツ・モデルに倣った朝鮮半島デタントへの取り組みは逆コースへと向かうことになる。強硬路線を崩さない金泳三政権の姿勢は、対北朝鮮のみならず、核問題のソフトランディングを試みる米国、日本との間にも少なからぬ摩擦を生んだ。韓国の大統領任期は一期五年だが、仮に金泳三政権がもう一期続いていたとしたら、融和の動きは絶たれ、破局的な衝突も杞憂《きゆう》ではなかったかもしれない。

皮肉にも、北朝鮮は早期に崩壊せず、破綻したのは韓国経済の方であった。一九九七年のタイ・バーツ危機に端を発したアジア通貨危機は朴正熙政権以来の韓国型開発独裁経済に大きな打撃を与え、韓国はＩＭＦ（国際通貨基金）や世界銀行などからの支援を受けることになる。金泳三は失意の内に任期を終えざるをえなかった。

良好な日韓関係

経済破綻した韓国を引き継いだのは、韓国で実質上正真正銘の文民政権となった金大中政権であった。一九八七年に達成された民主化の軌道の上を南北融和に向けて動き出し、その成果は二〇〇〇年六月の南北首脳会談に結実した。金大中は野党政治家だった一九七〇年代から一貫して南北統一を掲げていたが、その実現に向けて入念な環境整備を行った。

政権発足後、金大中は対北三原則（北による武力統一を許さない、北を吸収統一しない、南北の和解と協力の推進）を示した。しかし政権を担う民主党は少数与党であったため、予想に反し朴正煕の片腕として初代中央情報部部長を務めた金鍾泌《ジョンピル》を首相に任命し、国内経済の立て直しに専念することになる。ＩＭＦから経済構造改革を迫られた金大中政権は、財閥の解体・再編やＩＴ産業の促進などを通して、それまでの開発経済からグローバル化に対応する経済へとドラスティックな変革を断行した。それにより韓国経済はＶ字型回復を遂げたが、同時にそれは現在に繋がる格差社会の契機ともなった。

老練な政党政治家だった金大中は、米国や日本、中国、ロシアとの良好な関係が朝鮮半島の和平に繋がることを熟知し、中でも日本との関係を重視する姿勢を鮮明にした。就任後、米国に次いで日本、中国、ロシアという順番で訪問したのはその表れである。

このときの訪日で小渕恵三首相と会談し、「日韓パートナーシップ宣言」（一九九八年）

が発表された。この共同宣言において日本側から韓国に対して「(過去の植民地支配に対する) 痛切な反省と心からのお詫《わ》び」という謝罪と反省が表明された。このことは、一九九三年の河野談話(慰安婦関係調査結果発表に関する河野内閣官房長官談話)、一九九五年の村山談話と違い、公式文書に記載されたという点で重要である。それを受けた韓国側も両国の間で懸案となっていた歴史問題は決着したとして、「未来志向的な関係」を発展させるために両国が努力することを表明した。日韓の「パートナーシップ」は「単に二国間の次元にとどまらず、アジア太平洋地域更には国際社会全体の平和と繁栄のために」進めていくという姿勢で、ポスト冷戦の新たな北東アジアの秩序を見据えた文言であった。

さらに、アジア通貨危機の最中、当時の宮沢喜一蔵相のイニシアチブ(チェンマイ・イニシアチブ)により日本は経済危機に瀕した韓国を積極的にサポート、合計八三・五億ドルを融資するなど、この時期、日韓関係はこれまでにない良好な状態にあった。チェンマイ・イニシアチブをきっかけに、ASEAN(東南アジア諸国連合)+3(日中韓)の枠組みの中で首脳会議や外相会議が定期的に開催されるようになる。二〇〇〇年からはASEAN地域フォーラム(ARF)に北朝鮮も参加して朝鮮半島問題が討議され、またASE

ANと独立して開催されるようになった日中韓首脳会談も定期的に続いている。これらは日韓の協力がなければ実現しなかった、アジア太平洋地域における多国間の協働体制だと言えるだろう。

金大中が練り上げた南北統一のプロセス

一九九八年に金大中が大統領に就任し、対北融和路線を打ち出してからも、北朝鮮は「太陽政策」を徹底的に批判し、挑発をやめなかった。韓国が宥和《ゆうわ》政策を取ると、まずは批判して相手の方針が変わらないかどうかを見極めるのが北朝鮮の常套《じょうとう》手段であり、このときも裏に吸収合併の意図があるかどうか慎重に探っていたと思われる。これに対し、金大中は「対北朝鮮政策は一貫して行う」と態度を変えることはなかった。

体制競争の時代は終わり、既に韓国は北朝鮮に対して「強者」の立場にあった。共産圏諸国との和解にイニシアチブをふるったブラントや冷戦終結に向けて先導的な役割を演じたゴルバチョフと同じように、自らがまず率先して変化を成し遂げ、それによって相手側の変化を促す。これが、金大中の「太陽政策」の要諦であった。それは、単なる宥和政策とは違って、軍事的抑止力によって武力的挑発を防ぎつつ、北朝鮮に対する積極的な関与を通じて、北朝鮮が非核化をしてもよいと思える環境と条件を与えようとしたのである。

任期半ばを迎える二〇〇〇年三月、訪問先のベルリンで行った「ベルリン演説」で、金大中は朝鮮半島の平和構築のための南北政府の協力を訴え、インフラ整備を含む北朝鮮経済支援策を大胆に提案した。これは、一九九九年に「経済建設」を打ち出した北朝鮮の方針に応えるものであった。この「ベルリン演説」が契機となり、四月に南北首脳会談開催が決定される。

本来であれば一九九四年に行われるはずだった初の南北首脳会談は、六年後の二〇〇〇年六月に実現した。平壌を訪問した金大中と金正日によって発表された「南北共同宣言」（六・一五南北共同宣言）では、一九九一年の「南北基本合意書」を下地に、さらに具体的な文言が盛り込まれている。共同宣言の2に記された「南と北は国の統一のため、南側の連合制案と北側のゆるやかな段階での連邦制案が、互いに共通性があると認め、今後、この方向で統一を志向していくことにした」が示すように、具体的な統一の国家形態が南北によって初めて言及されたのである。東西両ドイツがそうであったように、南北が共同で統一に向かうプロセスを管理していくことが確認された。

金大中が野党政治家だった一九七〇年代から二五年かけて練り上げてきた「三段階統一論」は「国家連合」「連邦制」「統一国家」というプロセスを経ての統一構想である。第一段階の「国家連合」では国連で韓国と北朝鮮が一つずつ席を持ちつつ、緩やかな国家連合の形態を取り、第二の段階では一国家の中に二つの政府がある「連邦制」に移行する。この第二段階は北朝鮮が主張する緩やかな連邦制と限りなく近いものであり、それが宣言文の中にも生かされた。

「三段階統一論」のそれぞれの段階には少なくとも一〇年は要するというのが金大中の見立てであり、第一段階の「国家連合」に向けて経済、文化、社会、交通、保健分野の交流や離散家族の再会などが行われた。南北関係は飛躍的に改善し、二〇〇〇年に開催されたシドニーオリンピックの開会式で南北の選手団が統一旗を掲げて共に入場行進を行ったのは象徴的な出来事となった。

特に力が入れられたのは経済交流の促進である。南北休戦ラインをまたぐ鉄道の京義《キョンウィ》線や東海《トンヘ》線などの再連結が着手され、路線に沿って高速道路建設も計画された。中でも、韓国の現代《ヒュンダイ》グループと北朝鮮が共同で工業団地を開発した開城《ケソン》に加えて、近くに北朝鮮最大の軍事施設がある金剛山《クムガンサン》が観光地として開放され、この二ヶ所が南北経済交流の柱に据えられた意義は大きかったと言えるだろう。

ユーフォリアからの暗転

九〇年代終わりからの数年間は、世界的にもユーフォリア（多幸症）状態が続き、日米韓が対北朝鮮政策で初めて足並みを揃《そろ》えた時期であった。第一章で述べたとおり、クリントン政権は「北朝鮮早期崩壊説」という前提が崩れたことから「ペリー・プロセス」による交渉を進め、二〇〇〇年の「米朝共同声明」とオルブライト国務長官訪朝という成果を生んだ。この一連の動きは明らかに南北首脳会談に影響を受けたものであった。

しかし、ブッシュ政権の誕生により、状況は一気に暗転する。

ブッシュ政権の中枢にいたのは、コリン・パウエル国務長官など一部の穏健派を除けば、チェイニー副大統領、ラムズフェルド国防長官、ボルトン国務次官ら、いわゆるネオコン（新保守主義者。独裁的国家の一掃を志向し、外交における強硬路線を主張する一派）であった。

彼らは対北強硬論を唱え、紆余曲折を経ながら前に進んできた米朝関係は逆コースを描いていくことになる。

二〇〇一年の9・11後、対テロ戦争に突入する米国は二〇〇二年、北朝鮮をイラク、イランと並ぶ「悪の枢軸」(Axis of Evil)と名指しした。米国の先制攻撃のターゲットにされる脅威を感じた北朝鮮は再び、核をカードに使う瀬戸際外交を展開していく。南北の融和ムードにも緊張が走った。

小泉訪朝の背景

この間、日本は政治的混乱期にあった。リクルート事件で退陣に追い込まれた一九八〇年代後半の竹下内閣以降、自民党長期政権は動揺を続け、一九九三年には非自民党政権である細川護熙《もりひろ》内閣が発足する。その後、自社さ連立政権を経て、小渕首相の急死を受けて成立した森喜朗内閣は史上稀《まれ》に見る低支持率に喘ぐことになる。その危機の中で「自民党をぶっ壊す」とぶち上げて首相となったのが小泉純一郎であった。

二〇〇一年に小泉内閣が発足したとき、既にブッシュ政権の時代が始まっていたが、当時はまだ「包容政策」の余韻が残っており、小泉訪朝は米韓の対北融和路線に歩調を合わせる最後の動きとなった。背景にはいくつかの要因があるが、その一つは、日本側の事情である。韓国の「包容政策」によって出遅れた感がある中、北朝鮮との交渉を前進させることでポスト冷戦時代の東アジア秩序形成における日本の影響力を確固たるものとし、さらには日朝国交正常化というレガシーを得ようというのが小泉首相の思惑であった。対北強硬論が主流となっていたブッシュ政権からは、北朝鮮に接近することへの警告があったが、小泉首相とブッシュ大統領との間に良好な個人的関係が結ばれていたこともあり、半ば米国の反対を押し切る形となった。また、周囲の反対をものともしない小泉首相の資質も、戦後日本外交では珍しい積極策を可能にしたと言えるだろう。

一方、北朝鮮の側にも日本との交渉を進めたいという動機があった。北朝鮮外交の最大の目的である体制保証の交渉相手は米国であり、ブッシュ政権発足後、米韓関係が急速に冷え込む中、米国との仲介相手としての役割を果たせるのは日本しかないという期待が寄せられたのである。ブッシュ大統領による二〇〇二年年頭の「悪の枢軸」発言もあり、打開策を求める北朝鮮の切迫感は募っていた。

バージョンアップされた「日朝平壌宣言」

二〇〇二年九月、小泉首相は日本の首相として初めて平壌を訪問、金正日と首脳会談を行い、両首脳は「日朝平壌宣言」に署名した。

「日朝平壌宣言」で注目すべき点は、これが一九六五年に韓国との国交正常化に際して結ばれた「日韓基本条約」のバージョンアップ版であることだ。第二項に記された「日本側は、過去の植民地支配によって、朝鮮の人々に多大の損害と苦痛を与えたという歴史の事実を謙虚に受け止め、痛切な反省と心からのお詫びの気持ちを表明した」という文言は、「日韓基本条約」には明記されなかった「過去の植民地支配」に対する事実上の「謝罪」である。一九六五年から三五年以上を経ての時代の変化もあり、初めて北朝鮮との間の外交文書に「痛切な反省と心からのお詫び」が記載されたことになる。

一方、「日朝平壌宣言」では「日韓基本条約」の問題点もそのまま残された。第三章で詳述するが、「日韓基本条約」では賠償ではなく経済協力金という形式が取られた。「過去の植民地支配」に対する「お詫び」という文言を盛り込みながらも、「日朝平壌宣言」でも賠償ではなく、この経済協力方式による補償とされている。つまり、「日朝平壌宣言」の前半は「日韓基本条約」のバージョンアップだが、後半部分は「日韓基本条約」を踏襲したものになった。それは、一方で日韓条約締結後の歴史の流れを汲《く》み取りながら、他方で日韓基本条約との整合性を保つという、二律背反的な方向の妥協の所産でもあった。

失われた日本のイニシアチブ

朝鮮半島情勢における日本の影響力を確立するはずだった日朝首脳会談は、拉致問題により、逆に日本の立場を袋小路に追い込むことになった。「日朝間の不幸な過去を清算し、懸案事項を解決し、実りある政治、経済、文化的関係を樹立することが、双方の基本利益に合致するとともに、地域の平和と安定に大きく寄与するものとなる」と前文に謳われた「日朝平壌宣言」は宙に浮き、日朝間の交渉はまったく前に進まなくなった。

小泉首相との首脳会談で拉致問題について話し合われた際、金正日は「遺憾なことであったとお詫びしたい。このようなことが二度と起こらないよう適切な措置をとることとする」と述べ、関係者の処罰と真相究明が約束された。一方、「拉致被害者八人死亡」が伝えられると日本は騒然となり、北朝鮮によるおぞましい国家犯罪を糾弾する世論が沸騰した。結果的に、小泉首相とともに帰還した五人の拉致被害者が平壌に戻る約束は反故にされ、首脳会談で醸成された融和ムードは険悪なやり取りへと急転する。

これは、小泉首相にとっても北朝鮮側にとっても計算外だったはずだ。その後、二〇〇四年五月、帰国した五人の家族の引き渡しを求めに小泉首相は再訪朝し、国交正常化に取り組もうとしたが、北朝鮮が約束した「死亡した」とされる拉致被害者八人の再調査は二転三転し、その試みが成功することはなかった。

日朝関係改善により、米朝を仲立ちし、東アジアの新秩序形成に主導的な役割を果たすという日本の目論見《もくろみ》は頓挫し、北朝鮮を非難する世論の制約を受けて、大きな枷《かせ》がはめられることになる。そして北朝鮮も、米国との直接交渉に持ち込む仲介役を日本に期待できなくなり、危険な瀬戸際外交へと選択肢が狭められていった。

強硬路線の敗北となった第二次核危機

二〇〇一年一〇月、米国はアフガニスタンにおけるタリバン掃討作戦を開始し、対テロ戦争に突入した。次いでイラクの大量破壊兵器が取り沙汰された二〇〇二年、ケリー国務次官補が平壌を訪問し、北朝鮮の高官・姜錫柱《カンソクチュ》が北朝鮮がウラン濃縮を密《ひそ》かに行っていることを「認めた」という報告を行った。米国は北朝鮮が核開発を是認したと発表し、核開発プログラムを直ちに検証可能な方法で廃棄するよう、北朝鮮側に迫った。

姜錫柱の発言についての事実関係が確認されることがないまま、米国は米朝枠組み合意の破棄へと突き進み、KEDOによる北朝鮮への重油供給の中断が決定される。これに対し、北朝鮮は枠組み合意から八年間凍結していたプルトニウム生産計画を決行、NPTからの脱退を再び表明し、第二次核危機が始まっていく。

米国は表向きは中東と東アジアの二方面の戦争遂行能力が十分にあるという姿勢をとっていたが、対イラク戦争を目前に朝鮮半島有事に対処する余裕はなく、北朝鮮の動きを牽《けん》制《せい》するため中国などの多国間枠組みの活用に動き出すことになる。それが、二〇〇三年から開催された南北米中日露による六者協議である。

六者協議を開催した米国の意図は、北朝鮮非核化を米朝二国間の問題から国際化することによって責任を分担させようとするものであった。そこには、未曾有の経済成長を遂げ大国化しつつあった中国に重荷を負担させる目論見も含まれていた。また、北朝鮮対五カ国という構図の下、北朝鮮に非核化を迫る状況をつくる狙いもあった。しかし、六者協議を自らの影響力を東アジアに増大させる好機と捉えた中国は、米国の目論見通りの方向には動かなかった。一方、北朝鮮の最終目標はあくまで米国との二国間交渉であり、しばしば六者協議は混乱に陥っていく。

第一回開催から二年間、六者協議はほとんど成果をあげられないまま、ブッシュ政権が二期目に入った一ヶ月後の二〇〇五年二月、北朝鮮は六者協議への参加を無期限に中断すると発表、核保有を公式に表明する。ブッシュ政権のネオコンが望んでいた北朝鮮体制崩壊は実現することなく、圧力一辺倒の強硬路線は結局、北朝鮮の核武装を防ぐことができないどころか、かえって悪化させることになったのである。

第四回六者協議共同声明のポイント

危機感を覚えた米国は強硬路線を軟化させ、二〇〇五年九月に開催された第四回六者協議では初めて共同声明（第四回六者会合に関する共同声明）が採択された。

この共同声明の前文に「朝鮮半島及び北東アジア地域全体の平和と安定のため」という文言が入ったことは、「北東アジア」という地域主義的な言葉を引き出したという点で画期的であった。また、第一項で、北朝鮮が「すべての核兵器及び既存の核計画を放棄すること、並びに、核兵器不拡散条約及びIAEA保障措置に早期に復帰することを約束」し、米国が「朝鮮半島において核兵器を有しないこと」、北朝鮮に対して「核兵器又は通常兵器による攻撃又は侵略を行う意図を有しないことを確認」した。これはつまり米国が北朝鮮不可侵宣言を行ったことを意味する。さらには韓国が「その領域内において核兵器が存在しないことを確認する」とともに、一九九二年の「非核化共同宣言」の遵守が再確認された。

もう一つの重要な点は、第二項において、北朝鮮と米国の「相互の主権尊重」「平和的共存」「国交正常化への措置」が約束されたことであり、日朝関係でも平壌宣言に従って、国交正常化の措置をとることが約束された。第三項では、米日中韓露による北朝鮮へのエネルギー支援について述べられている。

しかしその矢先、米国財務省は北朝鮮が偽ドルづくりを行っているとして、関与が疑われるマカオの銀行「バンク・デルタ・アジア」(ＢＤＡ)の北朝鮮口座の封鎖を要求、北朝鮮は封鎖を解除しない限り六者協議の再開に応じないと強く反発する。二〇〇六年七月、北朝鮮は日本海に向けて弾道ミサイルを七発発射、一〇月には地下核実験を実施し、一九九四年の核危機の再来かと思われた。小泉内閣の後継である安倍晋三内閣は、「拉致問題の解決なくして北朝鮮との国交正常化はありえない」と強硬な姿勢で臨み、日朝関係は一層冷え込んでいった。

画餅に帰した三度目の好機

一方、米国は北朝鮮に六者協議に復帰するよう促し、二〇〇七年二月、第五回六者協議が開催され、第四回六者協議の共同声明を実施するための初期段階の措置が発表された。

第一項で、「六者は、平和的な方法によって朝鮮半島の早期の非核化を実現するという共通の目標及び意思を再確認する」とあり、これは非軍事的な方法で非核化を達成すると明確に謳ったものである。また、第六項では「六者は、相互信頼を高めるために積極的な措置をとることを再確認するとともに、北東アジア地域の永続的な平和と安定のための共同の努力を行う」と述べられ、「直接の当事者は、適当な話合いの場で、朝鮮半島における恒久的な平和体制について協議する」とされた。「直接の当事者」が誰なのかは明記されていないが、これは朝鮮戦争の当事者である南北米中を意味し、つまり北東アジア地域の永続的な平和と繁栄を達成するために休戦協定を平和協定に変えるよう求めたものと言えるだろう。

第四回六者協議の共同声明にも第五回で発表された文書でも、「行動対行動」の原則が述べられていることは重要である。共同声明では「『約束対約束、行動対行動』の原則に従い、前記の意見が一致した事項についてこれらを段階的に実施」と記されている。核をすべて放棄すれば国交正常化という飴《あめ》をやるといったビッグディールには応じないというのは、現在に至るまで北朝鮮の一貫した態度である。

一九九四年のカーター訪朝、二〇〇〇年のオルブライト訪朝に続き、六者協議は、一九九一年以来の南北の分断を超えて朝鮮半島の平和と安定を目指す動きに連なったものである。度重なる北朝鮮の核実験などの障害を超えて六者による共同文書が採択できたということ自体が画期的であり、取り決められた事項は今なお今後の朝鮮半島の平和と安定構築に活《い》かされるべき内容と言えるだろう。もし実行されていれば、かつて東西ドイツがヘルシンキ宣言に署名したように、地域全体の安全保障のために体制の違いを超えて緊張緩和を進める多国籍間の枠組みとなった可能性は十分にあった。

北朝鮮は今度こそ米国との交渉を前進させられると期待したかもしれない。だが、事態は北朝鮮の期待通りには動かなかった。

二〇〇七年一〇月には任期を終える直前の盧武鉉《ムヒョン》大統領が平壌を訪れ、第二回南北首脳会談が行われた。民主派の盧武鉉は金大中の「包容政策」を受け継ぎ、南北関係の改善に努めたが、対米関係の悪化なども影響し、韓国史上最低の支持率で退陣する。代わって保守派の李明博《イミョンバク》が大統領に就任し、二代の大統領によって進められてきた「包容政策」は逆コースを辿ることとなった。第二回南北首脳会談の合意内容は実行されずに終わり、第一回南北首脳会談の成果である金剛山の陸路からの観光も、韓国人観光客が北朝鮮兵士に射殺されたことを受けて中断される。

その後、金正日が脳卒中で倒れる中、北朝鮮の核施設無能力化の実効性には疑問がつきまとい、プロセスは迷走していく。日本では第一次安倍政権、福田政権、麻生政権と短期政権が続き、民主党による政権交代が起こるなど、政治の不安定な局面において日朝関係改善の動きは停滞し、自民党政権下で培われた韓国とのパイプも途絶した。様々な要因が重なり、朝鮮半島情勢を好転させる契機は次第に失われていくのである。

オバマによる失われた一〇年

ブッシュ政権後に登場したオバマ大統領は、そのリベラルな政策から圧力に頼らない新しい対北政策を行うのではないかと思われた。だが、二〇〇九年一月のオバマ政権発足直後、北朝鮮は人工衛星という名目で実質上のロケット発射実験を行い、折しも核兵器廃絶についてプラハで演説することになっていたオバマを挑発することになった。国連安全保障理事会は北朝鮮に対する非難声明を出したが、これに反発した北朝鮮はまたもや六者協議からの離脱と寧辺核施設の再稼働を表明し、六者協議はもはや体をなさない状態となる。北朝鮮は五月に二度目となる核実験を行い、国連はさらなる制裁決議を採択、それに対して北朝鮮は一層の核兵器開発を進める声明を出すなど、悪循環が続いた。そのさなか、不正献金疑惑をかけられた盧武鉉前大統領は自ら命を絶つことになる。

こうした状況を前に、オバマ政権は「戦略的忍耐」という方針の下に実質上、ほとんど動くことはなかった。オバマ政権の基本的スタンスが多国間主義であったことも、米国との二国間交渉にこだわる北朝鮮の考えとは乖離《かいり》していた。オバマ政権は日米韓が連携して北朝鮮に対応し、中国にも北朝鮮によりプレッシャーをかけるよう求めたが、日本と韓国は先に述べたような事情から有効な対北関与政策を取ることはなく、状況はただ悪化するばかりであった。

核兵器廃絶を訴えたオバマだが、彼の重点は朝鮮半島よりも欧州にあった。「戦略的忍耐」は、結果的に分断された朝鮮半島を固定化させることとなった。その状態はオバマ政権が望んだものといえ、オバマ在任中の八年間、さらに二〇一八年のトランプ訪朝まで続いていく。いわば、朝鮮半島情勢においてオバマが生んだものは失われた一〇年だったと言えるだろう。

幾度となく融和を前進させる機会を得ながらも、事態が一層悪化する中で金正日が急死したのは、二〇一一年一二月であった。「聖家族」の三代目として北朝鮮の「最高指導者」となったのは、まだ三〇歳にもならない三男の金正恩だった。

三〇年の間に何が変わったのか

本章では、冷戦後の盧泰愚政権の時代から始まった南北融和の動きと朝鮮半島非核化をめぐる経緯を見てきた。この間、歴史的な南北、日朝の首脳会談が実現し、米国と北朝鮮の関係においても改善の好機があったものの、結果として分断状態は固定化され、北朝鮮は一層の核兵器開発を進めることになった。巨大な岩を苦労して山頂に押し上げてもすぐに転がり落ちてしまう、シシュポスの神話のごとき歳月と見えるかもしれないが、停滞と揺り戻しを繰り返しながらも、融和への努力は地道に積み上げられてきたのである。特にこの三〇年の間に、米国の対北朝鮮政策における韓国の動向が重要なファクターとなったことは大きな変化である。このことは、二〇一七年に韓国大統領に就任する文在寅の対北政策とその後のトランプ大統領と金正恩による劇的な米朝会談に繋がっていくことになる。

第三章　「戦後最悪の日韓関係」への道筋

これまで見てきたように、韓国と北朝鮮に分断された朝鮮半島では、冷戦終結後の三〇年間、波状的に繰り返される危機を武力衝突や壊滅的な戦争へと波及させせないために、様々な取り組みがアメリカをはじめ、周辺諸国を巻き込む形で営々と続けられてきた。この間、実際に戦争が勃発しなかったのはむしろ奇跡的だと言えるだろう。破局の淵を覗《のぞ》く危うい局面もあったからである。それでも、「第二次朝鮮戦争」は起きなかったのである。

なぜ「六月の砲声」（一九五〇年六月二五日朝鮮戦争勃発）が繰り返されることはなかったのか。アメリカの拡大抑止力や、日米安保とセットになった米韓相互防衛条約の効力、韓国の兵力の近代化や現状維持を望む中国の圧力など、様々な要因が考えられる。しかし、最大の要因は、第二次朝鮮戦争が現実になれば、朝鮮半島はおろか、周辺の中国や日本も膨大な犠牲を強いられ、それは南北間の戦争にとどまらず、場合によっては「第三次世界大戦」のような戦禍になりかねないという予感が関係諸国の間で共有されてきたからではないか。

こうした身の毛のよだつような「逆ユートピア」の惨禍を欲している国はどこにもないはずだ。たとえ、どんなに韓国なり、北朝鮮なりを悪し様《あざま》に罵り、嫌悪していても、南北の間に火の手が上がれば、それは南北を取り巻く国々を巻き込む延焼へと発展することにならざるをえない。かつて福沢諭吉が「脱亜論」で喝破したように、日本が「悪友」（朝鮮）を「謝絶」しようとしても、ひとたび、朝鮮半島で火を吹けば、その火の粉は日本列島にも降りかかり、それによって類焼の惨禍に見舞われてしまうことになりかねない。到底受け入れがたい事態であるが、既に北朝鮮は事実上の核保有国になっているのである。北朝鮮との戦禍は、核のおぞましい悲劇を繰り返すことにならざるをえない。

第四章で詳述するが、米朝間に緊張が高まった二〇一七年一〇月に米ジョンズ・ホプキンズ大学の北朝鮮分析サイト「38ノース（Ｎｏｒｔｈ）」（現在はスティムソン・センターの傘下）が行ったシミュレーションによれば、北朝鮮がソウルと東京に核兵器を使用した場合、北朝鮮の現有核兵器の能力を、爆発力二五キロトン、爆発確率八〇パーセントとして、両首都圏での死者は二一〇万人、負傷者は七七〇万人にのぼると推定されている。逆説的ではあるが、日本と韓国は、核という脅威のもとで、「輔車《ほしゃ》唇歯」（輔車は頬骨と下顎。隣国が助け合うことの喩え）の関係を作らざるをえないのである。北朝鮮の非核化に向けて日韓の協力は必須であり、また最悪、戦争だけは避けるというシナリオの共有のもと、両国の協働の取り組みの是非は、半島と列島の平和と安全にとって死活的な意味を持っている。

以下の章では、日本の未来が、これまで述べてきた朝鮮半島での南北融和と共存、さらにその延長線上で可能になる統一への動きの帰趨《きすう》に、日本がどのようにコミットするかにかかっていることを明らかにしたい。

そのためには、戦後最悪とされる現在の日韓関係の抱える限界（リミット）が何に由来するのか、それを解きほぐしていく必要がある。

日韓関係四つのリミット

興味深いことに、貧困率や経済格差などのデータを見ていくと、まるで双子の兄弟であるがごとく、多くの点で日本と韓国は似通った課題を抱えていることがわかる。その一方で、日韓の間では隣国であるがゆえの濃密な相克の歴史が繰り広げられてきた。現在の「戦後最悪の日韓関係」を改善していくためには、まずはそこに至る道筋を辿り、問題を解きほぐす端緒を探る必要がある。

そのとき重要なのは、日韓関係には四つのリミットがある点を認識しておくことである。

まず挙げられるのは、人口的なリミットである。二〇一八年、韓国の出生率は〇・九八と初めて一・〇を割り込み、同年出生率一・四二で出生数が過去最低を更新した日本よりもさらに少子化が加速している。日韓は世界でも一、二を争う「少子化先進国」となっているのである。このリミットは、両国の産業構造や労働のあり方に大きな影を落とすとともに、両国の福祉や社会制度のあり方にも甚大な影響をもたらしつつある。そのような人口のリミットの中で日韓では資産や所得、学歴や情報、文化の格差構造が固定化しつつあり、それが若年層の非正規化や晩婚化など、世代間格差の問題として浮上している。

こうしたポスト高度成長期への転換の途上にあってその未来の見取り図が見つからず、長期の停滞へとシフトしつつあるのが、日韓の現状である。特に韓国の場合は深刻で、自国の社会の生きづらさを「ヘル朝鮮」（まるで地獄 Hell のようだと自嘲的に表現したスラング）と嘆く若者たちの怨嗟《えんさ》の声は、海外にまで届いているほどだ。二〇二〇年にアカデミー賞で四冠に輝いた韓国映画『パラサイト 半地下の家族』が描いていたテーマは、まさにこの問題とかかわっている。日本の場合も、団塊ジュニアの就職氷河期の後遺症が深刻な社会問題になっている。

国内に不満が溜《た》まり、そのはけ口を世論が求めているとき、往々にして政府は世論の指導者であるよりは、その奴隷となりがちである。その結果、「対外政策は、妥協することを目標としており、したがって相手側の目的の一部を容認し自己の目的の一部を放棄しなければならない」（ハンス・モーゲンソー『国際政治』原彬久監訳、岩波文庫、二〇一三年）ことを忘れがちだ。韓国内の過剰な「反日」に煽られた対日外交や、日本の中の「嫌韓」感情に便乗したような韓国に対する強硬姿勢は、相互の妥協点を見いだせないほどにエスカレートしてしまいかねない。

若干のタイムラグを伴いつつ、両国は大量生産、大量消費以後の成熟社会への移行をめぐって苦闘しているのであり、日韓はいわば合わせ鏡のような関係にあると言える。そこから、相互に啓発しうる部分を共有し、リミットの解消に向けて協力しうる領域があるはずだ。国家間の険悪な関係や国民的な反感の高まりにもかかわらず、自治体レベルでは様々な取り組みが試みられており、その動きをもっと広げていくべきである。

この第一のリミットと関わる形で問題となる二番目のリミットは、地球温暖化に代表される環境的リミットである。安全保障とは異なる次元で大きな脅威となりつつある自然災害の甚大化は、日本列島と朝鮮半島がともに直面する課題となっている。具体的には福島第一原発事故以後、福島県など八県の水産物に対する韓国側の輸入禁止をめぐる紛糾は、WTOを舞台に国家の面子《メンツ》をかける激しい応酬となり、一審では日本の主張が通ったものの、二審では日本の逆転敗訴となり、禍根を残すことになった。

さらに追い討ちをかけたのは、東京オリンピックの選手村の食材に放射能汚染の可能性を払拭しきれないとして、自国選手団向けに韓国から空輸する食材を供するとした韓国オリンピック委員会の決定である。この韓国側のクレームは、日本国内世論には、福島産の食材を選手村に供することで復興の足がかりにしようとする日本政府の意図を逆なでする横暴な横槍《よこやり》と映り、嫌韓感情に拍車をかけることになった。

その上、今後、福島第一原発内に貯蔵されている汚染水の海洋放出の決定がなされれば、日韓の間の軋轢は再燃することになりかねない。巨大地震とツナミという自然災害がもたらした原発事故は、一衣帯水の日韓関係をよりこじらせるリミットとなったのである。

本来、気候変動や環境問題は、国境を超えた問題として取り組まなければならない共通のテーマである。とりわけ、環境汚染に壊滅的な打撃を与えかねない原子力エネルギーについては、その存続と廃絶とを問わず、現存する施設がある以上、国境を超えた相互監視や透明性の確保、専門的な人事や技術交流、核関連物質の管理や廃棄、さらには将来に向けた廃炉やその技術的な協力などのため、海をまたぐ共同管理の組織が必要である。原子力のシビアアクシデントの影響は、国境の前で立ち止まることはないからである。

にもかかわらず、原発事故をめぐる日韓の鞘当《さやあ》ては、いつの間にかゼロ・サム・ゲームの様相を呈し、国家の面子をかけた争いごとになってしまった。環境的リミットが二次的に国家的リミットに転化し、ナショナリズムの感情を刺激することになったのである。しかし本来は、環境的リミットについては、国境を超えているという観点から、共同で管理できる組織やルールを立ち上げ、環境の劣化やエネルギーの問題に対処する取り組みが必要であり、一衣帯水の日韓だからこそ、環境の劣化から逃げられない国として相互に協力していかざるをえないはずである。

三番目は、地政学・地経学的リミットである。グローバル化が進み、世界中で地理的な制約が取り払われていく中、唯一残されているのが北朝鮮という「異境」である。既に述べたように、韓国は日米とはいうまでもなく、中ロとも国交を正常化させ、人の移動も盛んになった。しかし、北朝鮮は日米とは正常な国家間関係もないまま、敵対的な関係が続いている。そして、国連決議などを通じて北朝鮮と韓国の交流の象徴的な成果であった金剛山観光や開城工業団地の運用も途絶し、その結果、北東アジアの安全保障は恒常的な地政学的リスクを抱えるとともに、交通や物流、貿易やエネルギーの循環、人の移動にもリミットが負荷されたままだ。

この地政学・地経学的なリミットのために、ユーラシア大陸の半島の先端に位置する韓国は、中国やロシアなどとの直接的な繋がりを断たれ、半島の南側に「陸の孤島」のように閉じ込められてきたのである。冷戦のころまで、米国の覇権の下、全方位的な通商国家として発展した日本に対し、冷戦下の韓国は日本が享受してきた自由貿易の果実を長い間得られないままだった。しかし、二〇二〇年の現在では、ビザなしで渡航できる国の数を示すパスポートランキング（https://www.henleypassportindex.com/global-ranking）では日本が一位（一九一カ国）、二位がシンガポール（一九〇カ国）、韓国はドイツと並ぶ三位（一八九カ国）にランクインしている。韓国国民がこれほど自由に世界の国々に渡航できるようになるとは、冷戦時代には想像もできなかったことだ。

にもかかわらず、韓国にとって最も近いはずの北朝鮮は依然として「異境」であり、それは日本にとっても同様である。冷戦の時代であれば、韓国にとって北朝鮮は国家存続を脅かす最大の脅威であり、「主敵」であった。他方、日本にとって北朝鮮は旧宗主国と植民地国という関係であっても、米韓のように戦争状態が継続しているわけではない。もちろん、北朝鮮は拉致問題や度重なるミサイル発射や核実験など、安全保障上直面する直接的な脅威と見なされている。

戦後の日本にとって、北朝鮮は、その経済的な規模や重要度から見て、中国とは言うに及ばず、東南アジアと比べても優先順位の高い国ではなかった。北朝鮮は、主に冷戦下の安全保障や地政学的な戦略の面からのみ取り上げられてきたのであり、三八度線という朝鮮半島の分断線を事実上の「利益線」としてきた戦後の日本にとって、北朝鮮が「異境」であり続けることは織り込み済みであった。冷戦時代、「このパスポートは、北朝鮮（朝鮮民主主義人民共和国）以外の全ての国と地域に有効」という日本国のパスポートの但し書きがそれを如実に表していた。

しかし、それは逆に言うと、四方を海に囲まれ、世界のどんな国とも繋がっているはずの日本が、一衣帯水の朝鮮半島からユーラシア大陸へと直接繋がる地政学・地経学的な可能性をそぎ落としていたことを意味する。戦後の日本にとってそうした地政学・地経学的なリミットは、中国やロシアといった大陸国家の脅威を減殺する「バッファー」(緩衝)と引き換えに受け入れるべき当然の、さほど大きくもない代償と見なされてきた。

だが、そうしたリミットが解消され、新たなフロンティアがユーラシアへの交通や物流、エネルギーや人の移動へと拓《ひら》かれていくとしたら、それは、「地理的な舞台転換」となって日本にとって地経学的な恩恵をもたらしてくれるに違いない。

ユーラシア大陸の復活と統合を「スーパー大陸」と呼び、その多極的な構造の秩序形成に向けて日本の積極的な関与を説くケント・E・カルダーの『スーパー大陸―ユーラシア統合の地政学』(杉田弘毅監訳、潮出版社、二〇一九年)は、そのような「地理的な舞台転換」を先取りするパイロット的な研究である。列島から半島へ、さらに北方のユーラシアからバルト三国を経てEUへ、あるいは中国から中央アジア、中近東へ。このようなフロンティアへと向かう「地理的な舞台転換」は、日韓両国に多大のメリットとなるはずだ。

もちろん、そのためには、北朝鮮の非核化など、地政学的なリスクの除去が不可欠である。問題は、北朝鮮の非核化が成し遂げられなければすべてが進まないと考えるのか（All or Nothing）、あるいは南北関係を含めて米朝、日朝の交流を段階的に進めつつ、それに対応して非核化の漸進的な進捗を図るのか、その戦略的な選択の是非にかかっている。それは、決して水と油のように融和しえないジレンマではない。その妥協点を日韓が共に手を携えて見つけ出すよう協力していくことは不可能ではない。

本来であれば、日韓はこれまでに挙げた共通のリミットを超え、新たなフロンティアを作り出すために協働していくべき関係にある。だが、三番目の地政学・地経学的リミットとマイナスの相乗効果をなし、問題解決に向かう日韓の求心力を削《そ》いでいるのが、歴史認識のリミットである。この四番目のリミットによって両国の間に強い相互不信と対立が募っているのである。

歴史認識のリミットが両国の間で浮上してくるのは、一九八〇年代初頭の教科書問題以後のことだ。なぜそれ以前に歴史認識が大きな問題となることがなかったのか、そしてなぜ今これほどまでに深刻化してしまったのか、その経緯を見ていくことにしよう。

玉虫色の決着

日本と韓国の国交正常化が成ったのは一九六五年である。この時期に至るまで日韓の国交正常化が進まなかった理由の一つは、一九五一年のサンフランシスコ講和条約参加国から韓国が最終的に外され、その結果、日本は独立した南北の分断国家とそれぞれに交渉を行わなければならなくなったことにある。そしてそこには、三六年間の植民地支配をどう清算するかという問題がつきまとっていた。

結局、サンフランシスコ講和条約では、日本の敗戦の原因となった帝国主義や植民地の問題は明確にされず、それらは日本と植民地にされた国との二国間交渉へと解決が先送りされた。日本では、戦前日本の「過ち」は中国侵略を本格化させた満州事変から始まったという見方が一般的であり、一方で司馬遼太郎の『坂の上の雲』に典型的に見られるように、明治維新から日清・日露戦争までは近代国家樹立に至るプロセスの一環としてむしろ肯定的に捉えられることが多い。植民地支配は鉄道や港湾をつくって韓国の経済発展に寄与したという意識も根強く残る。

だが韓国側から見ると、李氏《りし》朝鮮を不平等条約で開国させた明治初期、さらに韓国併合に連なる日清・日露戦争は、慰安婦や徴用工を生む苦しい受難の時代の始まりを意味し、さらに韓国では南北分断を生んだ遠因を日本の植民地支配に求める見方が支配的だ。日本にとっての「栄光」の歴史と、韓国にとっての「屈辱」の歴史。この鮮明なコントラストが意味しているのは、日本にとって「近代」という時代区分が、輝かしい虹の下に辿り着く国民的な結束と努力の賜物《たまもの》であるとすれば、韓国にとってそれは、「上昇と下降を示す物差しの上の記号」（ブルース・カミングス『現代朝鮮の歴史』）に過ぎないということであり、熾烈な内戦を戦った韓国は、日韓基本条約当時、まだその物差しのどん底を這《は》い回っていたのである。

この日韓の間の国民国家のアイデンティティに関わる断絶のために、日韓国交正常化交渉は難航し、さらには日韓基本条約締結後も火種を残すことになる。

サンフランシスコ講和条約当時は朝鮮戦争の只中《ただなか》であり、韓国に対する日本の支持・援助を期待する米国は、日韓関係の再構築を積極的に支援した。それぞれが米国との間でハブ（中心）とスポーク（周辺拠点）の関係にあった日韓両国は、互いに交渉するというよりも米国をはさんだ駆け引きを展開していく。双方の主張はしばしば対立し、一九五三年の日韓会談での日本の植民地支配を肯定する「久保田発言」によって日韓交渉は行き詰まった。

その後、ベトナム戦争が泥沼化する中で両国の国交正常化を急いだ米国は介入を強め、一九六二年、両国は原則的な「妥結」に辿り着く。しかし、植民地支配に対する賠償・補償ではなく「経済協力方式」（無償で三億ドル、有償で二億ドル）での結着は、米日韓による中国・北朝鮮封じ込めという北東アジアにおける米国の冷戦戦略をベースに、反共の堡塁《ほうるい》としての日本を重視する方針に基づくものであった。こうした冷戦戦略に戦後処理を結びつけようとする日本側の意向と、日本の「経済協力」をテコに経済的苦境から脱したい韓国の朴正熙政権の思惑が絡み、両国は基本条約の締結にこぎつけることになる。

日米安保改定の混乱を経て、池田勇人内閣のもとで所得倍増の高度成長へと向かい、東京オリンピックをテコに躍進する日本に対して、韓国では一九六一年のクーデターによって朴正熙が政権の座につき、韓国経済は幼弱なままであった。「自立経済の発展」を掲げ、一九六二年から五カ年経済発展計画を推進していた朴正熙政権にとって、日本の「経済協力」は経済的なテイクオフのためのカンフル剤と見なされたのである。

このようなすれ違う意図を含みながら一九六五年に妥結した日韓基本条約には、もともと、その解釈をめぐって埋められないミゾが潜在的に横たわることになった。

条約の第二条では「千九百十年八月二十二日以前に大日本帝国と大韓帝国との間で締結されたすべての条約及び協定は、もはや無効であることが確認される」と記されている。しかし、この「もはや」という曖昧な文言は、両国の激しい意見対立を玉虫色の決着で妥協させたものであり、そのミゾは埋められないまま持ち越されていた。両国の「もはや無効」の解釈は異なり、韓国は「一九一〇年の韓国併合条約は日本が力を背景に韓国の主権を踏みにじって結ばれたものであり、締結段階から不法」という立場を譲らず、「韓国併合条約は合法である」とする日本側の認識とは大きく隔たっている。この両者の主張の違いは現在まで平行線を辿り、交わらないままとなっている。

「玉虫色の決着」は、韓国と北朝鮮の正統性をめぐる問題にも当てはまる。日韓基本条約第三条には「大韓民国政府は、国際連合総会決議第百九十五号（Ⅲ）に明らかに示されているとおりの朝鮮にある唯一の合法的な政府であることが確認される」とある。韓国側は韓国政府こそ全朝鮮の唯一合法政府であることを定めたものと解釈している。他方、日本側は、この条文を「韓国政府が休戦ラインより南側を実行的に管轄している事実を確認したものに過ぎない」と見なしている。日本政府としては、北朝鮮とも交渉する余地を残しておく必要があったのである。

敗戦後、日本には一五〇万人とも二〇〇万人とも言われる朝鮮半島出身者が居住しており、朝鮮戦争の惨状の中にある祖国に帰れずに日本に残ることを選んだ六十数万もの在日韓国・朝鮮人のうち、在日韓国人に対しては、日韓基本条約に付随して結ばれた日韓法的地位協定により永住権が認められることとなった。だが、日本の関心はあくまで在日韓国・朝鮮人の送還にあり、日韓基本条約締結に先立ち、日朝両国の赤十字協定（一九五九年八月一三日調印）に基づく帰国事業が始まっている。それによって北朝鮮に渡った計九万人余の在日韓国・朝鮮人には二〇〇〇人近くの「日本人妻」が同伴していた。また、終戦時の混乱の中、現地で亡くなった日本人の遺骨も北朝鮮には二万柱以上あると言われる。そうした事情がある以上、北朝鮮との関係で断絶を避けるべきだということは与野党共通の認識であった。

しかし、この条文の現実の運用は韓国側の解釈に近いものとなり、日朝交渉を制約していくことになった。その結果、日本と北朝鮮の間には七〇年以上も国交を結べないという異常な状態が続いてきたのである。

有償・無償五億ドルと貿易黒字

日韓基本条約と同時に、請求権及び経済協力協定（日韓請求権協定）、漁業協定、在日韓国人の法的地位及び待遇に関する協定（日韓法的地位協定）、文化財及び文化協力に関する協定の四協定が結ばれた。日韓請求権協定第二条第一項に「完全かつ最終的に解決された」と記された請求権の解釈もまた、両国で異なっている。日本は「元徴用工を含む、個人による請求権は、日韓基本条約の日韓請求権協定によってすべて放棄された」と解釈しているが、韓国側は「基本条約で日本への請求権を放棄したが、個人請求権の放棄までは認めていない」と主張し、韓国内では「基本条約を侵略を明記した賠償条約に改正すべきだ」という声も少なくない。

このことは、従軍慰安婦や徴用工などの個人請求権をめぐる問題の争点と重なっており、日本側の主張には、「日本は五億ドルの経済協力をして韓国の経済成長を後押ししたのだから、それによって賠償・補償は済んだはずだ」という意図がうかがえる。ただし、最終的には民間借款三億ドルを加えて総額八億ドルの経済援助となった「経済協力方式」はいわば日本の経済進出をセットにした紐付《ひもつ》きの援助であり、日韓国交正常化は経済的な面で日本にとってプラスに作用したと言えるだろう。

たとえば、日韓の貿易逆調（日本側が貿易黒字、韓国側が赤字）は、日韓基本条約が締結された一九六五年以降の五〇年で六〇兆円以上に及び、韓国は米国・中国とともに日本の主要な輸出先であった。もちろん他方で、「経済協力方式」とはいえ、日本の経済援助が、内戦の荒廃から一〇年余り、軍事クーデター以後、政治的に混乱していた韓国の経済的なテイクオフにおいて大きなカンフル剤になったことは間違いない。

開き始めた「パンドラの箱」

冷戦のピークに結ばれた日韓基本条約が規定していた日韓関係を「日韓条約体制」と呼ぶならば、この体制はベトナム戦争が終わる一九七五年ごろまでは多少の軋《きし》みはあっても安定的に推移していた。だが、一九八二年に第一次教科書問題が起こり、次第にパンドラの箱が開き始めていく。

決定的だったのは冷戦終結、そして一九八七年以降に進んだ韓国の民主化であり、冷戦構造と韓国の独裁体制を前提とする日韓条約体制がはらんでいた矛盾が吹き出すようになる。特に一九九一年、元従軍慰安婦が日本政府を相手どった補償請求の裁判を起こしたことは、それまで国家の利害関係と論理によって抑え込まれていた植民地支配の被害者たちが声をあげる始まりとなる。一九六五年の時点では取り上げられなかった在韓被爆者や在サハリン韓国人などの問題も明らかになっていった。

これらを踏まえて日本からは、一九九三年には政府として従軍慰安婦の強制性を認めて謝罪する河野談話、戦後五〇年の一九九五年には日本政府が過去の植民地支配について公式に謝罪する村山談話が、それぞれ発表されるに至った。当時の村山内閣は元従軍慰安婦を含めた戦争被害者による賠償請求については法的に解決済みとの立場を示した上で、「全国民的な償いの気持ち」を表し「女性をめぐる今日的な問題の解決」のための事業として「女性のためのアジア平和国民基金」（アジア女性基金）を設立、政府からの補助金四億八〇〇〇万円に国内外からの募金六億円を加え、韓国、台湾、フィリピン等で事業を展開した（二〇〇七年に事業が終了したとして解散）。

「アジア女性基金」は実質的には日本による償いであったと言える。だが、これが政府からの補償でないことに韓国の世論は反発、「償い金」を受け取った元慰安婦が批判にさらされるなど、問題はさらに混迷を深めていく。

希望からの暗転

一方、一九六五年以降、日韓の間では建設的な関係構築に向けて様々な努力が積み重ねられてきた。その象徴的な成果となるのが、「日韓パートナーシップ宣言」である。一九九八年一〇月の「日韓パートナーシップ宣言」により、両国は過去の植民地支配に端を発する歴史問題に一区切りをつけ、それまで禁止されていた日本の大衆文化が韓国国内で解禁されるなど、両国間の友好ムードは急速に高まった。これには、前章で述べたアジア通貨危機に直撃された韓国経済に対する日本の支援も貢献したと言えるだろう。

日韓共催のサッカーワールドカップが開催されたのが二〇〇二年、二〇〇三年に日本で放映が始まった「冬のソナタ」の爆発的な人気は、日本社会に韓国の大衆文化が流行する韓流ブームの火付け役となっていく。二〇〇〇年の南北首脳会談によって醸成された南北融和もあって、この時期の東アジア一帯は概して希望に満ちた雰囲気に包まれていた。現在が「戦後最悪の日韓関係」ならば、一九九八年から二〇〇四年ごろまでの数年間は「戦後最良の日韓関係」の時代であったと言えるだろう。

しかし、こうした日韓友好ムードの陰では、日本側のリアクションも芽生え始めていた。そのきっかけとなったのは、二〇〇二年の小泉訪朝で一気にクローズアップされることとなった拉致問題である。無辜《むこ》の市民を拉致するという国家的犯罪への憤りは、「犯罪国家」北朝鮮と融和を進める韓国に対する不信と嫌悪へと繋がっていく。折からのネット社会の到来で流布された「嫌韓」情報は、二〇〇五年には『マンガ 嫌韓流』（山野車輪、晋遊舎）という明確な形となって現れた。二〇〇五年は北朝鮮が公式に核保有を表明した年でもあり、北朝鮮の脅威が対韓感情に及ぼした影響は少なくなかったと思われる。

同時に、この年は日韓国交正常化四〇周年という節目であった。韓国では日韓国交正常化交渉をめぐる様々な見直しが議論され、従軍慰安婦、在韓被爆者、在サハリン韓国人の個人請求権は放棄されていないとして、韓国の裁判所に訴訟が起こされていく。その中には、現在大きな争点となっている元徴用工に関するものも含まれていた。

他方で、小泉首相が二〇〇一年から二〇〇六年まで六回にわたって行った靖国神社参拝は、そのたびにA級戦犯合祀《ごうし》を問題とする韓国や中国の反発を招き、良好な日韓関係によって抑え込まれていたように見えた歴史問題が再び表面化することになる。小泉首相と盧武鉉大統領の個人的関係が良好ではなかったことも日韓関係に影をさした。また、二〇〇五年には島根県議会が「竹島の日」条例を制定したことをきっかけに、日韓が共に「我が国固有の領土」と主張し、日韓基本条約でも合意に至らなかった竹島（韓国名・独島《トクド》）をめぐる領土問題が再燃していく。

社会に嫌韓が広がりを見せ始めた二〇〇六年は、コアな保守層を支持基盤とする第一次安倍政権が誕生した年でもあった。

米国が火をつけた「歴史戦」

日米韓の連携による安全保障や経済関係を優先し、それらと切り離して歴史問題を管理してきた日韓の立場が決定的に変わったのは、二〇〇七年のことであった。安倍政権は河野談話の継承を明言しつつ、「狭義の強制性を裏付けるものはなかった」と国会で答弁し、「政府が発見した資料の中には、軍や官憲によるいわゆる強制連行を直接示すような記述も見当たらなかった」とする政府答弁書を閣議決定した。こうしたスタンスは海外メディアから批判され、就任後初めての首相訪米を前に、政権は火消しに追われることとなった。

一方国際世論では、二〇〇七年一月、「日本政府は慰安婦に謝罪すべきだ」という決議案（アメリカ合衆国下院一二一号決議）が米国下院外交委員会に提出される。この決議案を提出したのは、カリフォルニア州選出で日系アメリカ人のマイク・ホンダ下院議員であった。日本側では可決阻止に向け、政府や駐米日本大使が関係者への働きかけを行い、保守論壇が米国の新聞「ワシントン・ポスト」に全面意見広告を出すなど、様々な動きが取られた。だが、決議案は民主党のリベラル層にヒットし、外交委員会では賛成三九、反対二という多数で可決、また下院本会議でも可決された。同様の決議がオランダ下院、カナダ下院、欧州議会、フィリピン下院外交委員会などでも可決され、従軍慰安婦はもはや日韓の二国間を超え、国際的に女性の人権問題として捉えられるようになっていく。

第一次安倍政権の主な外交方針であった「価値観外交」は、当時台頭していた中国を意識し、自由主義、民主主義、基本的人権、法の支配、市場経済という「基本的な価値」を共有する国々との関係を強化するものであり、韓国はその最も重要なパートナーであった。この「自由、民主主義、基本的人権などの基本的な価値と、地域の平和と安定の確保などの利益を共有する日本にとって、最も重要な隣国」という表現は二〇一四年版の『外交青書』まで引き継がれる。しかし、二〇〇七年以降に激化した「歴史戦」は、日本外交における韓国の位置付けを次第に変化させていった。

混迷の日本政治と菅《かん》談話

第一次安倍政権、福田政権、麻生政権、そして二〇〇九年の政権交代によって誕生した鳩山政権、菅政権、野田政権はいずれも一年前後の短期政権であり、政治的混乱期が続いた。福田康夫首相が提唱した中国・韓国に軸足を移す東アジア外交、鳩山由紀夫首相が試みた「東アジア共同体構想」を除けば、地域主義的ビジョンが日本の側から展開されることはなかった。また、たとえ日本の側から画期的なビジョンが提示されたとしても、カウンターパートが南北分断の固定化に執着する李明博政権では、結局、新たな動きが生まれることはなかったに違いない。さらに、民主党政権は尖閣《せんかく》諸島問題など外交においても拙劣さが目立ち、国内外の失望を広げることになった。

それでも注目すべきは、二〇一〇年の韓国併合条約締結一〇〇年という節目に当時の菅首相が発表した「菅談話」である。「三・一独立運動などの激しい抵抗にも示されたとおり、政治的・軍事的背景の下、当時の韓国の人々は、その意に反して行われた植民地支配によって、国と文化を奪われ、民族の誇りを深く傷付けられました」「植民地支配がもたらした多大の損害と苦痛に対し、ここに改めて痛切な反省と心からのお詫びの気持ちを表明」との談話は、改めて植民地支配に対する日本の立場を確認するものとなった。菅談話の「これからの百年を見据え、未来志向の日韓関係を構築」という文言は、「日韓パートナーシップ宣言」に連なるものだった。さらに、日韓両国は「民主主義や自由、市場経済といった価値を共有する最も重要で緊密な隣国同士」であり、「地域と世界の平和と繁栄のために協力してリーダーシップを発揮するパートナーの関係」であることが強調された。だが、日韓関係は菅談話とは真逆の険悪な方向へと進んでいくことになる。

李明博が踏んだ地雷

前述のように、嫌韓は二〇〇五年ごろから目立ち始めていたが、それが官民共に共有されるようになったのは、李明博大統領が政権末期に行った竹島上陸と天皇陛下に対する発言が大きなきっかけであり、以降、嫌韓は一挙に大衆的な広がりを見せていく。内閣府の「外交に関する世論調査」で韓国に「親しみを感じる」とした人は、二〇一二年にはそれまでの六割から一気に三割台にまで落ち込んだ。

金大中、盧武鉉と二代続いた民主派政権に代わり二〇〇八年に就任した李明博大統領に対して、当初、日本は好意的だった。韓国が主導する南北接近に警戒感を抱いていた日本では、南北融和に否定的な李政権への評価は高く、歴史問題についても歩み寄りが見られるのではないかという期待があった。実際、初期の李明博政権は光州事件記念式典への出席を取りやめるなど、歴史問題が盛り上がりを見せた背景にある民主化運動に逆行する動きが目立ち、南北関係の進展にもブレーキがかけられることになった。

東日本大震災から二ヶ月後の二〇一一年五月、日中韓サミットが日本で開催され、中韓の首脳が被災地を訪問し、防災協力体制を確認し合ったように、歴史問題が浮上する中でも、政府間では日韓関係は概《おおむ》ね安定が保たれていた。日韓間のシャトル外交は恒例となっており、同年一二月と翌年五月には野田首相と李大統領の首脳会談も開催されている。だが、その次に日韓首脳会談が開かれるのは三年半後という異例の事態となった。

福島第一原子力発電所事故を受けた東日本八県からの水産物輸入禁止の措置で摩擦を生んだものの、李明博は日韓間の経済関係構築に熱心であり、総じて歴史問題については日本に配慮する姿勢をとっていた。それが変わり始めるのは、二〇一一年八月に、韓国政府が従軍慰安婦問題の解決を試みないのは行政の不作為であると、韓国の憲法裁判所が違憲判決を出して以後である。同年一二月には在韓日本大使館の真向かいに慰安婦を象徴する少女像が設置されるなど、従軍慰安婦問題をめぐる韓国世論は激しさを増した。憲法裁判所の決定と世論に配慮せざるをえなくなった李明博は、二〇一一年一二月の首脳会談で、「慰安婦問題について韓国の求める誠意を示さない限り、新たな慰安婦像が建立される」と迫るが、事態が打開することはなかった。

二〇一二年八月になって突然、李明博は韓国大統領として初めて竹島に上陸、「独島は

韓国の領土である」と一方的に宣言する。続けて、韓国が要請していた天皇訪韓に関して、

「（日本の植民地支配からの）独立運動をして亡くなった方々を訪ねて心から謝罪するならば来なさいと（日本側に）言った」と述べ、天皇謝罪要求を行う。日本政府は駐韓大使を一時帰国させるなど、両国関係は緊迫した。

歴史の鬼胎

二〇一二年一二月、総選挙で大勝した自民党が政権に復帰し、第二次安倍政権が誕生した。次いで、翌年三月、朴槿恵《クネ》が韓国大統領に就任し、韓国は二代続けての保守政権となった。朴槿恵の父である朴正熙は満州の旧日本軍陸軍士官学校で教育を受け、「反共」の名の下に民主化運動を苛烈に弾圧した人物である。朴槿恵は戦前の日本と深いかかわりを持つ「親日派」「反共」「親米」といった保守派の流れを汲む象徴的政治家であり、満州国政府で事実上の「経済総理」であった岸信介の孫である安倍首相とは、いわば歴史的因縁を持つ間柄であった。共に世襲の保守政治家であるという共通点から、李明博政権末期に悪化した日韓関係の改善も期待された。にもかかわらず、朴槿恵は「従軍慰安婦問題が解

決しなければ安倍首相との会談は行わない」と頑《かたく》なな態度を取り続け、政権交代によって状況が好転する兆しは見えなかった。

それに加え、朴政権が中国への傾斜を強めたことにより、日韓間の亀裂は一層深まっていく。大統領に就任した朴槿恵は米国に続く訪問先は日本という慣例を破り、先に中国を訪れる。朴政権の対中重視が鮮明になり、中国との経済交流・人的交流も大幅に促進された。二〇一五年、中国における「抗日戦勝七〇周年」の軍事パレードで、朴槿恵が習近平やプーチンと並んで参観する光景は日本に衝撃を与え、親密な韓中関係は、対中国を意識した米国のMD構想（ミサイル防衛構想）に従ってTHAAD《サード》（終末高高度防衛ミサイル＝Terminal High Altitude Area Defense missile）が韓国に配備されるまで続いていく。

一方、日韓関係は悪化するばかりであった。韓国地検による産経新聞支局長名誉毀損起訴事件などを受けて、二〇一五年の『外交青書』では韓国についての記載から「自由、民主主義、基本的人権などの基本的な価値と、地域の平和と安定の確保などの利益を共有する」という表現が削除され、単に「最も重要な隣国」とされるにとどまった。

従来、河野談話や村山談話に批判的だったにもかかわらず、安倍首相は、第二次政権に入り「河野談話の見直しはしない」と明言していた。しかし一方で河野談話の作成過程等を検証する有識者チームを発足、二〇一四年六月、報告書を公表する。

一九九三年の河野談話では、「従軍慰安婦は軍の要請を受けた業者が募集」したとし、「強制性」についての文言作成にあたっては韓国側と表現の調整が行われていた。二〇一四年の安倍政権による検証に対して、「河野談話の見直し」に繋がる動きではないかという警戒が韓国で高まった。

二〇一五年八月の安倍首相による戦後七〇年談話では、「痛切な反省と心からのお詫びの気持ちを表明」してきた「歴代内閣の立場は、今後も、揺るぎないものであります」と村山談話の継承を明らかにしつつ、他方で「私たちの子や孫、そしてその先の世代の子どもたちに、謝罪を続ける宿命を背負わせてはなりません」と暗に韓国を牽制する表現が盛り込まれ、韓国世論にはこの安倍談話に否定的な評価が広がっていく。

日韓慰安婦合意の内幕

二〇一五年一二月、日韓関係悪化によって対中関係に綻びが出ることを嫌ったオバマ政権からの圧力により、「最終的かつ不可逆的解決」として日韓慰安婦合意（日韓合意）が結ばれる。安倍首相が日本の総理大臣として「改めて、慰安婦として数多《あまた》の苦痛を経験され、心身にわたり癒しがたい傷を負われた全ての方々に対し、心からおわびと反省の気持ちを表明する」とし、韓国政府が元慰安婦支援のための財団を作り、日本政府がそこに一〇億円を拠出することが決まった。安倍首相にしてみれば、支持基盤の右派の反対を押し切り、ギリギリのところまで歩み寄った「苦渋の選択」という認識だったと思われる。対する朴政権側も、米国の圧力でやむなく合意したという点では同様であり、日韓合意は成り立ちからして、いわば形ばかりの合意という性格を免れなかったと言える。

その後、やはり米国の働きかけにより、対北政策として日米韓の連携が強化される中、二〇一六年一一月には、日韓初の防衛協定である日韓秘密軍事情報保護協定（GSOMIA）が締結された。

だが、結局、日韓合意は韓国国民に受け入れられず、「最終的かつ不可逆的解決」にはならなかった。スキャンダルで罷免された朴槿恵の後継選出選挙で当選したのは、世論の意を迎えて日韓合意を批判していた文在寅である。

日韓合意は政府間の正式な取り決めであるため、二〇一七年五月の就任後、文在寅は日韓合意の「再交渉」という公約を表立っては実行しなかったものの、合意によって設立された財団を二〇一八年一一月に一方的に解散、これに対して日本側は「合意違反だ」と強く抗議し、日韓関係は一層、袋小路にはまりこんでいく。

徴用工問題をめぐる断層

日韓の「歴史戦」を激化させてきた慰安婦問題は「日韓合意」で蓋をされたかに見えたが、文在寅政権になってからは慰安婦問題だけではなく、徴用工の問題でも蓋が外れてしまった。

財団解散に先立つ一ヶ月前の二〇一八年一〇月、韓国大法院（最高裁判所）が、原告である元徴用工四人への賠償金計四億ウォンの支払いを、新日鉄住金（現日本製鉄）に命じた。これは、一九六五年の日韓基本条約により「個人による請求権はすべて放棄された」とする日本の立場を否定するものである。韓国政府が認めた「強制徴用動員被害者」は二二万人にもおよぶ。元徴用工訴訟は約七〇社にのぼる日本企業に対しても起こされており、徴用工問題は今や従軍慰安婦問題に代わる日韓対立の争点となった。

ここで改めて、徴用工問題について見ておこう。戦時中、国内労働力が枯渇していた日本は、中国や朝鮮半島から多くの労働者を徴用し、彼らは戦争中の日本のインフラを支える重要な労働力となった。元徴用工への賠償を求める裁判は日本でも起こされていたものの、既に原告敗訴が確定していた。韓国での訴訟も下級審では敗訴となったが、二〇一二年五月に大法院が「日本の判決は植民地支配が合法であるという認識を前提としており、韓国憲法の価値観に反する」とその判決を覆す判断を示して高裁に差し戻し、改めて賠償を認める高裁の判決が下され、大法院で確定する。

これに対して日本側は、「国際法に照らしてありえない判決」と強く反発。他方、文政権は一貫して元徴用工に対する日本企業の賠償金支払い問題を民事訴訟であるとして、政府として関与しないという態度を取った。労働訴訟を専門としてきた文在寅はかつて元徴用工の問題に取り組んだこともあり、日本側の解釈がどうであれ、徴用工問題は民事訴訟での解決が妥当であるという立場を譲らなかった。

日本では「国際的合意を覆すとは何事か」「韓国は信用できない」と憤る声が沸き起こ

る一方、韓国では「日本での徴用工裁判の判決がたとえ韓国国民に不利なものであったとしても、我が国の政府が非難することはなかったのに、韓国の民事裁判に日本政府が異議申し立てをするのは我が国の三権分立に対する介入である」という反発が強まっていく。司法改革を進めたい文在寅政権は、三権分立を建前に大法院の判決に口を出さないまま日本の抗議をやりすごすことになり、それにより日本では文政権のスタンスは「反日」の表れだと受け止められてしまう。こうして元徴用工判決によって、日本の韓国に対する不信感と反発は決定的になった。

日本製品不買運動の影響

二〇一九年八月、日本は韓国を輸出管理のホワイト国（現グループA。優遇対象国）から除外する。大量破壊兵器などの拡散を防ぐための輸出管理体制が整っている国として、日本は米国、英国、フランスなど二七カ国を「ホワイト国」と認定、輸出手続きの簡略化などの優遇措置を与えていた。韓国は二〇〇四年にアジアで唯一の「ホワイト国」と認定されていたが、「兵器に転用できる戦略物資が密輸されているなど、韓国の安全管理に問題がある」などの理由により、除外が決定された。

日本は「元徴用工判決への対抗措置ではない」としているが、韓国側はそのようには受け止めていない。韓国側は自国の「安全管理」に問題がないことの根拠として、米国のシンクタンク科学国際安全保障研究所（ＩＳＩＳ）による世界二〇〇カ国の戦略物資貿易管理制度の評価ランキング（二〇一九年五月）を挙げている。その「危険行商指数」（ＰＰＩ）では、韓国は一七位になっており、三六位の日本より上位にランクインしているというのが、韓国側の言い分である。ただ、ＩＳＩＳの信頼性やその評価の精度など、論争は尽きず、日韓の角逐には解決のメドが立たないまま、今度は韓国が同年九月、「対抗措置ではなく、韓国の輸出管理体制強化のため」という理由で日本の「ホワイト国」からの除外を決定してしまった。事実上の対抗措置と言わざるをえない。お互い表向きは「報復ではない」としながらも、「目には目を」のやり取りに歯止めがかからないまま、現在に至っている。

実際には「ホワイト国除外」自体は「輸出規制」というよりも、半導体材料三品目の他、化学、金属、精密機器など規制対象品の輸出に際し、これまで包括許可で簡略化されていた手続きで個別許可が必要になるという単なる手続き上の問題に近く、両国経済に与える悪影響は騒がれるほどには大きくない（https://business.nikkei.com/atcl/seminar/19/00133/00013/）。だが、日本の措置は韓国に「これは経済戦争だ」と大きな反発を引き起こし、大規模な日本製品不買運動に繋がった。不買運動には韓国国民の六割以上が参加しているとされ（https://www.newsweekjapan.jp/kim_m/2019/11/post-4.php）、二〇一九年一一月の時点で、韓国の日本車販売台数は前年同月比五六・四パーセント減、また韓国向けビールの輸出額は九月時点で前年同月比九九・九パーセント減と急落した。深刻なのは観光業で、二〇一九年一一月時点で、韓国からの訪日観光客は約六五パーセント減少と減少傾向に歯止めがかからず、多数の韓国人観光客を迎えてきた九州経済などに少なからぬ影響を与えている。日本が韓国の「ホワイト国除外」を決定するにあたり、こうした事態をどこまで予測していたかわからないが、両国とも、一旦生まれた不信感を解消するきっかけが未だ見いだせていないのが現状である。

二〇一九年九月、文政権は日本による半導体材料三品目の措置を「差別的である」とＷＴＯに提訴した。ＷＴＯでは、これまで韓国による東日本の水産物禁輸や日本製バルブへの反ダンピング課税をめぐり、日韓の間で係争が繰り広げられてきたが、「ホワイト国除外」でさらに対立が激化しつつある。

GSOMIA破棄の真意

日本側による急な「ホワイト国除外」は、韓国側がGSOMIA破棄を持ち出すという、もう一つの波乱要因へと繋がっていくことになった。韓国側の論理は「我が国の安全管理に問題があるという認識を持っている国と軍事機密の共有などできない」というものである。結局、二〇一九年一一月二三日の失効直前の土壇場で「破棄」を免れることになったが、これは日米韓の安保体制を維持したい米国が強い圧力をかけたことも、破棄撤回の一因となったと思われる。だが、GSOMIAの破棄は「撤回」されただけであり、状況によっては今後も持ち出される可能性がないわけではない。

日本では「GSOMIA破棄で困るのは韓国だ」という主張も見られる。しかし、日米韓の軍事情報供与協力自体はGSOMIA締結以前と同様に、米国を中心に日米、米韓といった形で、それぞれの二国間の中で行われるとしても、GSOMIAの破棄は、中ロだけでなく、何よりも北朝鮮に対して日米韓三カ国の連携の綻びというメッセージを与えることになりかねないことであり、とりわけ日米当局者にはそれを危惧する声が強かった。

他方、韓国にとって、その置かれている地政学的な位置を考えると、ＧＳＯＭＩＡはいわば諸刃《もろは》の剣という側面もある。今では少し改善しつつあるとはいえ、ＴＨＡＡＤの韓国配備以来、中国が警戒心を強めて反発し、韓中関係は一気に冷え込んでしまった。しかし、中国は韓国の最大の貿易相手国であり、また陸続きでもある以上、韓国としては中国との関係には配慮せざるをえない。対米重視の方針は保ちつつも、ＧＳＯＭＩＡが日本との準軍事同盟的な関係へと展開することになれば、韓国は米日韓を核とする対中封じ込め戦略に組み込まれてしまうかもしれないという危惧が、韓国側に募っていた可能性は高い。米国との同盟関係を抜きにして安全保障が成り立たず、他方で経済的には中国との関係を深める必要があるという韓国のジレンマが、ＧＳＯＭＩＡをめぐる日韓葛藤の背景にあったと思われる。

急増する韓国の国防費

こうしたジレンマの中で文在寅政権は、これまでの政権以上に国防の充実・拡大に邁進し、防衛費もかなりのペースで増大しつつある。二〇二〇年度予算案には国防費として五〇兆一五〇〇億ウォン（四兆五〇〇〇億円）が計上され、七・四パーセントという前年度比伸び率は過去一〇年間の平均四・九パーセント増から急伸している。韓国のＧＤＰが日本の四割ほどであることを考えると、韓国の国防費の伸びは突出していると言わざるをえない。日本の二〇二〇年度防衛予算案も五兆三一三三億円と六年連続で過去最高を更新したが、このままでは数年後にそれに迫る国防費になるだろう。

朝鮮戦争以来、韓国軍は米軍の戦時作戦統帥権下に置かれてきたが、文政権はその移管を目指している。しかし、韓国の国防費は米軍撤退後の国防体制整備だけが目的ではないのではないか。Ｆ35など米国の最新鋭の戦闘機の大量購入や原子力潜水艦建造計画は、実質的「核保有国」となった北朝鮮や中国に対する抑止力の他、やはりＦ35を米国から購入するなど軍事力を強化する日本への対抗意識もあると思われる。

日韓の軍事費が急増していく中で、心配されるのは竹島（独島）問題である。竹島（独島）がナショナリズム鼓舞のパフォーマンスの場として政治的に利用されることがあれば、かつてのフォークランド紛争（マルビナス戦争）のときのように、一気に紛争へと発展しかねない。竹島(独島)をめぐっては日韓共に交渉の余地がないという状況が続いているが、たとえ国内世論が沸騰するとしても、それに左右されずに自制する思慮が両国政府に求められている。

米国をハブとし、日韓がスポークとなる米日韓安保体制の下で、日韓は米国とどちらがより親密な関係かを競い、米国との個別的な愛顧関係の鞘当てを演じてきた。だが、トランプ大統領は、在日、在韓共に駐留米軍経費の大幅な積み上げを要求し、経済的コストの面から、在日、在韓米軍の見直し検討を公言している。もはや同盟国に対する米国の寛容な外交・安保政策は期待できず、ギブ・アンド・テイクのビジネスライクな同盟関係へと移行せざるをえない状況だ。

今後、二〇二〇年米大統領選でトランプ再選が実現するにせよ、またそれに対抗する候補者が選ばれるにせよ、同盟関係がビジネスライクな関係へと移行することは避けられないのではないか。とすれば、これまでのように、日韓は米国をめぐる「求愛ゲーム」のライバルとして争うのではなく、中国や北朝鮮など日韓共通の安全保障上の脅威に向き合うパートナーとして、同時に、米国の法外な駐留経費の増額に対して共に協力して交渉していくことのできる「重要な隣国」として位置づける必要がある。狭量なナショナリズムによる「パトリオット・ゲーム」にうつつを抜かしている余裕など、もはやないはずだ。

文在寅に必要とされる「知日」

この間、日本では文在寅大統領は「反日」一色で塗りつぶされた感がある。確かに外交上の不手際や、日本に対するむき出しの対抗意識と取られかねないナショナリズムの称揚など、そのようなカラーで見られてしまう面があることは事実だ。

しかし、文在寅大統領を違ったアングルから見てみると、巷間《こうかん》言われているのとは少し違ったイメージの人物像が浮き上がってくるはずだ。文在寅は元々、北朝鮮からの避難民の子として生まれ、極貧の中から苦学して司法試験に合格、労働運動に取り組んできた「人権派弁護士」である。植民地時代に生まれて日本語が堪能《たんのう》だった過去の韓国大統領たちと違い、戦後生まれである文在寅の日本に対する知識や理解は、決して深いとはいえない。旧世代の金鍾泌や金大中と比べれば、天と地の差ほどの違いがある。

文在寅大統領の自伝『運命』を読めば、日本への特定の評価を伴う言及はほとんどなく、紙幅の大半は韓国社会の半ば乗り越えられないほどの葛藤に割かれている。文在寅にとって「南南葛藤」が、彼が向き合おうとする最大の課題となっていることがわかるはずだ。

要するに、文在寅大統領にとって日本に関する評価は、事実上、「白紙状態」であり、「反日」に凝り固まっているわけでもなければ、日本に強い親近感を持っているということでもなく、さらに「知日」でもない。

これは、文在寅個人の特徴というより、世代交代という、避けられない理由によるものだと言えるだろう。周辺のブレーンたちにも同様の傾向が見られるが、日本側の事情も似たようなもので、現在の日韓の葛藤は世代がくだり、良くも悪くも過去の怨讐《おんしゅう》を実感として知らない世代間のギャップがその背景にあることは否定できないのではないだろうか。かつて日韓双方には互いの国の文化的背景や国民感情まで深く理解できる政治家たちがいた。しかし、今や両国の間を太いパイプで繋ぐ政治家や指導的なジャーナリスト、文化人がほとんどいなくなり、両国の間に年間一〇〇〇万人を超える人々の往来があっても、政治や経済、安全保障のレベルでは是々非々の、むしろビジネスライクな関係が主流になりつつある。日本と韓国のそれぞれに対してトランプの米国が迫っているビジネスライクな関係は、実は日米間、米韓間だけでなく、日韓の間にも当てはまりつつあったのである。

それを日韓の間の「対等化」と言うにせよ、冷戦只中の、日米、日韓の間で「韓国条項」が合意されたころの日韓関係とは劇的に変化していることは間違いない。一九六九年に佐藤栄作とリチャード・M・ニクソン大統領との間で結ばれた日米共同声明の第四項には、佐藤首相が「朝鮮半島の平和維持のための国際連合の努力を高く評価」する旨、そして「韓国の安全は日本自身の安全にとつて緊要である」というスタンスを述べた、いわゆる「韓国条項」が明記されていた。

こうした「韓国条項」が日米間で合意をみ、また韓国もそれを承認していた日韓の関係は、半世紀を経てドラスチックに変化した。韓国があたかも「独立変数」であるかのように南北の共存と融和へと舵《かじ》を切り、さらに米朝交渉の「仲介役」を買って出ようとするに及び、日韓のミゾはますます大きくなった。そして安倍政権の文政権に対する不信感は、二〇一八年の平昌冬季オリンピックを機に米朝直接交渉が動き出し、さらに大阪開催のG20閉幕後の二〇一九年六月三〇日、米韓朝三カ国の首脳が軍事境界線の板門店《パンムンジョム》で一堂に会するに及び、ピークに達してしまった。

それから半年後、米朝交渉は行き詰まり、北朝鮮は韓国との交流を頑ななまでに拒絶する。他方で日韓の間の葛藤が深まる中、文政権の対北朝鮮政策も行き詰まりを見せつつある。文大統領やその政権に欠けているのは、南北接近と融和の進展をはかることと、日韓の間の意思疎通を深めることの、両者をパラレルに進めていく複眼的な外交戦略であり、そのために日本との信頼関係をこれまで以上に分厚くしておくべきだった。その外交的努力が、人的なリソースも含めて文政権に不足していたことは否定できない。

そうした中で、過去の植民地支配に関わる歴史問題が深刻になり、日韓の外交関係は、まるで複雑骨折のような様相を呈し、患部のどの部位から手を施せばいいのかわかりかねるほど深刻化する一方である。

ナショナリズムの行方

文在寅大統領が「反日」一色のイメージで語られるのは、文政権の目指す方向が自民族中心のナショナリズムの発揚と見なされているからである。

植民地解放後の韓国の政治を動かしてきたのは民主化とナショナリズムという二つのベ

クトルであり、文政権はこの流れを一体化して完成させようとしている。韓国のナショナリズムには、南北に分断国家が誕生した一九四八年を起点とした、北朝鮮に対する反共的な分断ナショナリズムと、分断を超えていこうとする統一ナショナリズムの二つがあり、それぞれを支持する勢力が激しいせめぎ合いを続け、それはもう一つのベクトルである民主化の動向とも絡んで、解放後の韓国をほぼ二つに分断してきた。分断は、南北を分かつ三八度線だけでなく、韓国内にも走っていたのであり、「南南葛藤」は、北朝鮮の動向とも連動して、韓国内に熾烈な「内戦的」状況を作り出すことになった。実際にそれは、光州事件のように事実上の内乱状態を呈するほど熾烈を極めることになる。

韓国の政治はなぜ、こうも極端から極端にブレるのか。なぜ、大統領は在任期間を終えると、その多くが訴追されたり、自ら死を選ぶことになるのか。日本から見て、余りにもブレの激しい韓国政治のスイングぶりを見ていると、韓国という国の民主主義の未熟さを痛感せざるをえないかもしれない。しかし、単純化を恐れず図式化して言えば、韓国の政治には国内に見えない三八度線が走り、「分断ナショナリズム」vs.「統一ナショナリズム」、「反共・権威主義・独裁」vs.「共存・市民主義・民主」という対立の構造が繰り返される歴史と見なされうる。

五五年体制から六〇年以上にわたり、一時期の下野はあれ、常に与党・政権政党であり続けてきた自民党が政治の中心にある日本の政治と比べて、韓国の政治は安定性に欠け、常に動揺、流動化しているように見える。しかし、見方を変えれば、そこにダイナミックに変わる韓国政治の活力の源があるとも言える。何よりも、民主主義を自らの力でもぎ取ったという自負が、北との共存、市民主体の政治、民主化と統一ナショナリズムのエネルギーの源泉になっているのである。文在寅政権は、そうした歴史の流れに棹《さお》さしている。

ただ、そのような南北統一のナショナリズムにもかかわらず、文在寅が目指す方向は韓国内の国民的コンセンサスを得ているわけではなく、また韓国内の統合に成功しているとも言い難い。むしろ亀裂は深まるばかりであり、それは北朝鮮の動向と絡んで、「分裂する韓国」を印象付けることになっている。その結果、日本の官民では、「敵の敵は味方」とばかりに、文政権に対抗する自由韓国党（現未来統合党）などへの暗黙の支持が集まっているようだ。だが、朴槿恵政権、その前の李明博政権と、約八年にわたり破綻寸前の厳しい局面が続いた日韓関係の歴史を振り返れば、たとえ次期大統領選挙で保守派が政権に返り咲いたとしても、日韓関係が好転する保証はどこにもない。

むしろ歴史を振り返れば、民主派の金大中元大統領と、その後の盧武鉉元大統領の約一〇年に及ぶ日韓関係は、「日韓共同宣言—二一世紀に向けた新たな日韓パートナーシップ」（小渕恵三—金大中）に見られるように、概ね良好な善隣友好の協力関係を結んでいた。

金大中と文在寅の違い

にもかかわらず、日本側に文政権に対する強い疑念と反発が膨らんだのは、先にも触れたように、二〇一八年以降の南北関係や米朝関係の急激な進展に対して、朝鮮半島情勢の「かやの外」に置かれるのではないかという日本側の懸念と不安が拭いきれなかったからである。文政権は、その点を考慮しつつ、劇的な南北融和と米朝直接交渉を通じて朝鮮半島のパワーバランスが流動化していく中、日本との葛藤が予想される「歴史問題」を国内的に管理していく必要があった。従軍慰安婦や徴用工問題の当事者の救済を行いながら、さらに司法の判断を尊重しつつ、「歴史問題」が現在進行形の安保や外交戦略に直接飛び火しないために、対北外交に費やされたエネルギーに比肩する外交努力と意思疎通のパイプを幾重にも張り巡らし、公式・非公式のチャンネルを通じて対日外交の管理に努めるべきだった。

振り返れば、南北融和を進めた韓国の過去の政権はいずれも、特に日本とのコミュニケーションに多大の外交的なリソースとエネルギーを割いてきた。盧泰愚が行った一九九一年の南北融和でも周辺諸国の協力なくしては南北の関係はうまく進まないということが認識されているし、金大中の「太陽政策」は、南北統一のプロセスが周辺諸国、特に日本にも好ましい影響を与えるものでなければならないという指針を明確にしていた。彼らは、明らかに旧西ドイツの「東方政策」の要諦をしっかりと学び、教訓を得ていたのである。

旧西ドイツの、SPD（社会民主党）を中心とする中道左派政権と、CDU（キリスト教民主同盟）を中心とする保守中道政権は、ともにドイツの分断を克服することは、すなわちヨーロッパの分断を克服することと同じである旨を、常に周辺諸国に喧伝《けんでん》し、「汎ヨーロッパ的傾向」を取ることで、東西ドイツの統一を促進していった（ティモシー・ガートン・アッシュ『ヨーロッパに架ける橋』杉浦茂樹訳、みすず書房、二〇〇九年）。東西ドイツの分裂と朝鮮半島の南北分断とでは、その歴史的経緯と環境の違いはあるが、南北共存と統一は南北のナショナリズムだけの問題ではなく、広く東アジア全体の冷戦終結と新たな秩序構築に連動しており、隣国・日本との協力は、韓国にとって死活的な利益を有している。

文在寅政権は、金大中政権と比べて、日本との強い関係構築にイニシアチブを発揮したとは言い難く、結果として日本の不信感と警戒心を解くことができないまま、日韓の葛藤に政治的資源を費やさざるをえなかった。

文在寅の支持率

日本では、政権末期に国内世論に迎合して対日姿勢を硬化させた李明博を例に、「文在寅は支持率を上げるために、『反日』姿勢をとっているのだ」とする見方が広がっている。

確かに、朴槿恵を弾劾訴追に追い込んだろうそくデモの熱狂の中で誕生した文在寅政権は、発足当初は八割を超える爆発的支持率を誇っていたが、経済政策への失望などから支持率の低下を招いた時期もあった。しかし、直近では新型コロナウイルスへの効果的な対応が評価されて、支持率は五〇パーセントを上回っている。実は、発足から二年以上経っても支持率が五〇パーセント以上あるというのは、韓国の歴代大統領の中では金大中政権に並んで高い数字である。

さらに、韓国大統領の任期は一期五年と定まっており、支持率低下が大統領退陣の直接の原因にはならないため、盧武鉉大統領がそうであったように、文在寅も支持率がどれほど低くなっても、目指す政策をやり遂げようとする可能性が高い。支持率についてまったく気にしないということではないが、文在寅は「民主化」と「南北統一」という二つの柱で成果を挙げるべく、残りの任期を邁進していくと思われる。

日韓基本条約を堅持すべき理由

日韓関係が悪化の一途を辿る中でも、不買運動が起こる以前の二〇一八年、日韓を往来する人は年間一〇〇〇万人を超えていた。こうした交流の進展は、やはり一九六五年の日韓基本条約締結によって叶《かな》えられた成果である。様々な妥協や矛盾をはらんだ条約ではあっても、既に締結して半世紀以上が経過した日韓基本条約は堅持されなければならない。少なくともそれは、日韓関係をこれ以上紛糾させない最後の安全装置である。もしどちらかが否定することになれば、それこそ日韓関係の底が抜けることにならざるをえない。底が抜けるというのはつまり、日韓基本条約自体が破棄され、日韓の外交関係が終わるということである。両国ともそのような事態は決して望んではいないはずだ。

日韓基本条約にしても二〇一五年の日韓慰安婦合意にしても、政府間の取り決めは遵守することが、国家間の正常な関係には必須である。その上で条約を、その基本的な理念や骨格を変えることなく、時代と共に進化させ、よりベターなものに近づけていく相互協力が必要である。徴用工問題も、慰安婦問題も、根幹に横たわるのは「個人請求権」の解釈である。動き続ける時代の中で問われているのは、歴史の溶鉱炉の中から何を取り出すかということだろう。

日韓請求権協定で「すべて解決済み」と両国政府が合意していたとしても、一九六五年時点では見えなかった様々な問題が明らかになってきている。河野談話、村山談話、菅談話、あるいは二〇〇二年の日朝平壌宣言に盛り込まれたお詫びと反省の文言など、日本政府が何度も謝罪の意を表してきたのは、基本条約締結の時代とは異なる歴史の流れに対する対応の表れである。韓国もまた、そのような対応をどのように受け止め、それにどのように応えていくのか、そのあり方が問われている。

これまで、韓国内では日本に対してドイツ並みの過去の清算と謝罪、補償の要求が繰り返されてきた。ドイツのモデルは、理想と見なされてきたのである。しかし、ホロコーストを象徴するアウシュビッツ解放から七五年、二〇二〇年一月、イスラエルのホロコースト記念館で演説したシュタインマイヤー・ドイツ大統領は、「ドイツは歴史から学んだと言えたらよかった」と率直に反省の念を明らかにし、現代のドイツに「悪霊」が蘇《よみがえ》りつつあると警鐘を鳴らしたのである。この発言の背景には跳梁《ちょうりょう》するネオ・ナチや極右政党ＡｆＤ（ドイツのための選択肢）の躍進、度重なる反ユダヤ主義の猖獗など、数々の「揺り戻し」があることは間違いない。

日本と韓国との間の「歴史問題」の解決も、このようなドイツの光と影をしっかりと見極めつつ、粘り強い相互理解と国民感情の歩み寄りを図りながら進められなければならない。そのためには、改めて日韓基本条約の相互遵守が必須であり、その上でそのバージョンアップを図る相互の歩み寄りと妥協が必要とされている。

第四章　コリアン・エンドゲームの始まり

本章を展開する上で最大のインスピレーションを与えてくれたのは、セリグ・S・ハリソンの名著『コリアン・エンドゲーム』(Selig S.Harrison, *Korean Endgame*, 2002) である。「ワシントン・ポスト」やブルッキングス研究所、さらにカーネギー国際平和基金などで南アジア・東アジア研究の専門家として活躍し、一九九四年の平壌との核凍結交渉の舞台設定に大きな役割を果たしたハリソンは、米国随一の朝鮮半島問題の専門家の一人であった。『コリアン・エンドゲーム』は、「終わらない戦争」(朝鮮戦争) を終わらせ、朝鮮半島に新たな平和と秩序を形成するために韓国と北朝鮮、米国と日本、中国とロシアなどがどのように関与すべきなのか、その道筋を描いた提言の書である。そこには朝鮮半島の再統一と米国の「戦略的な非関与」のビジョンが展開されている。

米国の「戦略的な非関与」とは、オバマ政権の「戦略的忍耐」のように現状維持を図ることではなく、南北に対して第三者的な中立政策を取り、さらにこの地域の安全保障のための「公共財」の提供者になるという新たな戦略を指している。ハリソンの本は、南北だけでなく、とりわけ米国の朝鮮半島、ひいては北東アジアへの関わり方の戦略的転換について、具体的な指針を提示している点で極めて示唆に富んでいる。「エンドゲーム」とは、戦争や対立が終息に向かう最終段階にあることを意味しており、朝鮮半島にそれが訪れつつあるという認識のもと、この章ではその展望を見据えてみたい。

南北統一に向かう歴史の螺旋階段

朝鮮半島は、米日中ロという、世界の超大国や軍事大国、経済大国の利害が絡み、それらのパワーが牽引、反発し合う、世界でも最も緊張の度合いが高い地域である。そして、これまで述べてきたように、朝鮮半島の分断を解消するプロセスは、冷戦後から何度も前進と後退を繰り返してきた。そのプロセスで北朝鮮の核の脅威は既定のものとなり、危機はいわば「常態化」しつつあると言える。にもかかわらず、南北や米朝、日韓や日朝、中ロを含めた六カ国協議など、二国間、多国間の交渉や協議が積み重ねられ、「六月の砲声」が繰り返されることはかろうじて避けられてきたのである。冷戦終結から三〇年、半島とそれを取り巻く地域の平和と安定を求める歩みは一進一退を繰り返しながらも、確実に前に進められてきた。

螺旋階段を登る動きは、真上から見れば同じ円運動をただ延々と繰り返しているだけに見えても、横から見れば、その歩みが目指す場所へと着実に向かっていることがわかるのと同じである。南北共存と統一、朝鮮半島の和平は、未だそのような長い歴史の螺旋階段の途上にあると言える。

翻って第六回を最後に途絶した六者協議からおよそ一〇年、朝鮮半島は大きく動いた。トランプ大統領と金正恩委員長との激しい「口撃」の応酬であわや米朝武力衝突かと危ぶまれた二〇一七年を経て、二〇一八年は一転、精力的な外交戦が繰り広げられることとなった。南北合同チームが発足した二月の平昌冬季オリンピックに続き、四月には三度目となる南北首脳会談が板門店で実現、五月の板門店、九月の平壌と、南北首脳会談が立て続けに開催された。米朝の間でも六月、シンガポールで史上初めてとなる首脳会談が行われ、二〇一九年二月にはハノイで二度目の会談が開かれている。確かに、それ以後、事態は膠《こう》着《ちゃく》し、袋小路に迷い込んでしまったかのような様相を呈しつつある。トランプ大統領は、大統領再選を懸けた長い選挙シーズンを迎え、米朝首脳会談には関心が冷めつつあるように見える。また、北朝鮮も、トランプ再選の可否を見極めるまでは、「大胆な新しい路線」

に舵を切ることは難しいはずだ。当分の間、緊張は解けないまま、様子見の状態が続きそうだ。

それでも、米政権が北朝鮮との一触即発に備えて、日韓在住の米国市民への退去勧告を検討せざるをえなかったという二〇一七年当時の戦争の瀬戸際を思えば、「恐怖による均衡」であれ、小康状態が続いていることは間違いない。

「具体的な成果がない」「北朝鮮の時間稼ぎに利用されている」などの批判もあるが、これまで何度も機会がありながら実現できなかった米朝首脳会談が実現したこと自体、一つの成果と言える。このことは、米大統領とイランの最高首脳との間に直接の面談すら実現していないことを考えると、やはり一つの進展と評価できるのではないか。また、現在は、北朝鮮側に取り付く島がないとは言え、南北の間で「不倶戴天の敵」という敵愾心《てきがいしん》が薄れ、交渉できる相手としてやり取りできるようになったことも、大きな前進と言えるだろう。

南北、米朝の間で軍事的緊張緩和も含めた様々な合意が取り交わされ、現在はそれらをどう具体化していくのかというフェイズにあたり、いわば七合目の段階にある。しかし、頂上に至るまでの残り三合が難所となり、二〇一九年から膠着したまま現在に至っている。この間、残念ながら日本は急転する事態の成り行きに主体的に関与してきたとは言い難い。

トランプ政権は、二〇二〇年秋に大統領選挙が終わるまで、北朝鮮が核実験やＩＣＢＭ発射実験を事実上凍結した現在の状態を外交成果として誇示し、現状維持を続けたいと考えているのではないか。一方、北朝鮮は米国に北朝鮮に対する「敵視政策」を撤廃するよう求め、二〇一九年年末という期限を一方的に設定し、この間、十数回にわたって短距離ミサイルなどを発射して挑発を続けてきた。北朝鮮のこうした動きには、二〇〇〇年秋のクリントン政権末期に行われたオルブライト訪朝という好機が、政権交代によって失われたという歴史が影響を与えているかもしれない。

ただ、民主党のバイデン候補vs.共和党のトランプ現職大統領の一騎打ちが鮮明になる中、トランプ再選は、トランプ政権がコロナウイルスの蔓延と経済の極端な落ち込みを首尾よく封じ込めることができるのかどうか、その成果如何《いかん》にかかってこざるをえない。北朝鮮としては再選後のトランプ大統領が、野党民主党や世論の動きに制約されないより大胆な北朝鮮政策を押し出せるのかどうか瀬踏みをしつつ、大統領選の結末を注視していくことになると思われる。その限りで、トランプ再選に決定的に不利になるレッドラインを超えることはないのではないか。

一方で、朝鮮戦争勃発から七〇周年という節目にあたる二〇二〇年には、戦争勃発の六月や八月の解放記念日に向けて北朝鮮に新たな動きがあるかもしれず、また南北関係に変化が起きる可能性も残っている。

金正恩は北朝鮮の何を変えたのか

朝鮮半島の行方を左右する主要なアクターの一人が、北朝鮮の金正恩委員長である。生年は明らかにされていないが、金正日の急死を受けて二〇一一年末に「金王朝」の三代目となったとき、彼はまだ二〇代後半という若さであった。異母兄の金正男《ジョンナム》暗殺や金正日の側近として強大な権力をふるってきた張成沢《チャンソンテク》の粛清などから、金正恩には「残忍な独裁者」というイメージがついてまわる。一方で、彼の下で北朝鮮がこれまでとは異なる様相を見せ始めていることも明らかだ。

その一つは、父・金正日が敷いた体制からの脱却である。国際社会に援助を求めざるをえないほど経済が疲弊し、一〇〇万人規模とも言われる餓死者を生んだ北朝鮮の「早期崩壊説」が飛び交う中、危機を乗り越えるために金正日は軍を中枢に据える「先軍政治」を行った。金正恩が跡を継いで以後、軍の役割自体に大きな変化は見られないものの、金正恩は軍から党へとヘゲモニーを移行させ、党を中心とする統治体制を確立してきた。このことは、非核化交渉において留意すべき点と言えるだろう。

対中関係においても、金正恩の明確な意思を見ることができる。北朝鮮経済は現在、中国に大きく依存しているが、北朝鮮建国以来、中国との関係は常に良好であったわけではない。ときには距離や軋轢が生じることもあった。金正恩体制になってからも、中国との太いパイプを持っていたとされる張成沢を粛清、また中国で開催された二〇一七年九月のBRICS首脳会議開会日に「水爆」実験を強行するなど、一時期、中朝関係は悪化の一途を辿っていた。しかし直近では、二〇一八年三月、米朝首脳会談決定後に金正恩が「最高指導者」となってから初の外遊先として中国を訪問、さらに南北・米朝首脳会談後も含めて頻繁に中国を訪れるなど、精力的に中国との関係を強化する姿勢が目立つ。二〇一九年六月には習近平が平壌を訪問し、中朝関係はこの十数年で例を見ないほど接近している。言うまでもなく、中国は朝鮮戦争休戦協定の当事者であり、今後の和平に際しての動きが注目される重要なアクターである。

また、金正恩は中国を参考に、開発独裁型の国家資本主義へと舵を切っている。二〇一三年三月、北朝鮮は「経済建設」と「核開発」を並行して推進する「並進路線」を進むことを決定したが、その際に述べられたのは「核保有の結果、国防費を増やさず安全が確保でき、経済建設に専念できる」ということである。核兵器は通常兵器よりコストパフォーマンスがよい分、経済に資源を注力できるという論理だ。実際、金正恩は様々な経済改革を実施している。たとえば、従来の集団農業方式を改め個々の農民に収益を分配する「圃《ほ》田《でん》担当責任制」や、国家の指導の下で企業や工場の独立採算制を高める「社会主義企業責任管理制」などを導入し、北朝鮮においても市場経済が広がりつつある。また、中国やロシアからの投資を呼び込みながら、経済特区の観光開発等で外貨獲得を目指す動きもある。

だが、慢性的なエネルギー不足がその行く手を阻んでいる。北朝鮮への原油輸出に上限を定めた安保理制裁決議が大きな負担となっているのに加え、制裁は出稼ぎ北朝鮮労働者送還や北朝鮮で生産された石炭や木材などの輸出禁止、資産凍結など多岐にわたっており、核開発の結果、度々課されてきた制裁の影響が北朝鮮を追い込んでいることは間違いない。一部では、そうした苦境をカバーするために、サイバー部隊による不当な資金調達やサイバーテロによる攻撃の高度化を進めていると言われているが、その全容は明らかではない。ただ、制裁の解除なくして、北朝鮮経済の大きな成長は見込めないはずだ。安保理を動かすには米国との関係改善が必須であり、北朝鮮の「焦り」にはこのような背景があることも押さえておくべきだろう。

第二次朝鮮戦争寸前だった二〇一七年

ところで、先に触れた二〇一七年は一九九四年の核危機が再現されたかのような一年であった。

北朝鮮は計一六回もの「飛翔体」の発射実験を行い、日本でも八月と九月にJアラート（全国瞬時警報システム）が鳴り響いた。高まる緊迫感の中で、今にも戦争が起こるのではないかという憶測が飛び交い、「米朝もし戦わば」「金正恩に対する斬首作戦」等の不穏な言葉が取りざたされる日々が続いていた。

一月の大統領就任以降、トランプは北朝鮮に軍事的オプションも辞さない「最大限の圧力」で対応する強硬姿勢を鮮明にしていた。八月に北朝鮮がＩＣＢＭに搭載可能な小型核弾頭の生産に成功したと報道されると、「米国を脅し続ければ、炎と怒りに遭う」と挑発し、さらに九月の国連総会では北朝鮮を「完全破壊する」と、宣戦布告とも受け取れるような過激な言葉で警告を発した。それに対し、北朝鮮はトランプ大統領を「老いぼれ」などと罵倒、さらにトランプ大統領が金正恩を指して「ちびのロケットマン」と揶揄《やゆ》するなど、激しい応酬が続いた。北朝鮮はミサイルの発射実験を繰り返し、九月には水爆級の爆発規模を持つ核実験を強行、一一月には新型ＩＣＢＭ「火星15」を発射し、「核武力の完成」を宣言する。このころ、韓国のベストセラー作家韓江《ハンガン》は「米国が戦争を語れば韓国は身震いする」と題して「ニューヨーク・タイムズ」紙に寄稿し、韓国国内で高まる軍事衝突への恐れを綴《つづ》りつつ、「平和以外の解決策は意味がない」と訴えた。

二〇一八年に入っても、新年の辞で「米本土全域が我々の核打撃射程圏にあり、核のボタンが常に私の机の上に置かれている」と米国を牽制した金正恩に、トランプ大統領はツイッターで「北朝鮮より自分の方が強大な核を持っている」と述べるなど、互いに譲らぬ姿勢は変わらないように見えた。だが、実はこのときには既に、変化の兆しが生まれていたと言える。同じ新年の挨拶の中で金正恩は、二月に韓国で開催される平昌オリンピックに参加・協力する思いがあることを表明していたのである。

北朝鮮の猛批判を受けた文在寅の「ベルリン宣言」

米朝間で激しい言葉のやり取りが交わされる中、五月に大統領に就任した文在寅は就任当初から米朝の橋渡しになる意欲を見せ、六月に訪米した際には北朝鮮に対する「四つのNO」(敵視政策、攻撃、政権交代・崩壊、人為的統一を行わない)の合意をトランプ大統領から取り付ける。同年七月には、G20開催に合わせて訪れたベルリンで演説を行い、やはりベルリンでの演説を機に史上初の南北首脳会談を実現させた金大中や盧武鉉の対北政策の継承と発展を宣言、朝鮮半島の平和と安定に韓国が積極的に関わっていく姿勢を改めて内外に印象づけた。

だが、北朝鮮はこの文在寅の「ベルリン宣言」を「平和と南北関係の改善に役立つどころか、障害だけを積み重ねる寝言のような詭弁《きべん》が列挙されている」と猛批判する。金大中が「ベルリン宣言」を行った際も北朝鮮はやはり批判しており、このときの反応は、文在寅がどこまで本気で対北融和に取り組む気があるのか推し量るための、いわば「観測気球」的な意味合いがあった。文政権はかつて金大中がそうしたように北朝鮮の挑発に耐え、国内からも批判を受けながらも、米朝の仲立ちをするべく粘り強くアピールを続けていく。

実際、首脳同士の罵り合いの裏では、米朝双方ともに交渉へのインセンティブが働いていた。北朝鮮が「米国本土を射程に入れる」と主張するＩＣＢＭの能力には検証が必要だが、「核武力の完成」により、「並進路線」で残るもう一方の「経済建設」に総力を注ぎたいというのが北朝鮮の意向だったに違いない。米国側も、北朝鮮の核が現実の脅威となった以上、軍事力を梃子にした制裁の有効性には限界があり、圧力一辺倒による北朝鮮の非核化や体制崩壊の可能性は、限りなく低くなったと診断せざるをえなかったはずだ。たとえ限定的であっても軍事行動には多大な犠牲が伴う以上は、交渉の道を探ることが合理的な選択となったのである。そうした双方のシグナルをお互いに確かめ合う仲立ちとなったのが、韓国であり、その舞台になったのが平昌オリンピックだった。

平昌オリンピックという転機

二〇一八年二月に行われた平昌オリンピックは、大韓航空機爆破事件を起こした北朝鮮が不参加だった一九八八年のソウルオリンピックとはうってかわって、南北融和を演出するイベントとなった。二〇〇七年長春冬季アジア大会以来一一年ぶりに統一旗を掲げた南北選手団が開会式で共に行進し、急遽《きゆうきよ》南北合同の女子アイスホッケー・チームも結成された。北朝鮮は政府高官級代表団を派遣、文大統領と会見した金正恩の妹の金与正《ヨジヨン》が携えていたのは、平壌での南北首脳会談を提案する金正恩の親書だった。

ＩＯＣのバッハ会長は、南北合同アイスホッケー・チームの結成に尽力することになった。「北朝鮮がオリンピックをプロパガンダに利用している」という批判に対して、「これはスポーツだ。ＩＯＣはこのことを明確にしている。橋をかけ、ドアを開けるのはスポーツの役割であり、それ以上のものではない」と反論し、「スポーツを超えた感動を、歴史に刻んだ平和五輪」と平昌オリンピックを讃《たた》えた。

バッハ会長の言葉どおり、平昌オリンピックは、「橋をかけ、ドアを開ける」ための起点となった。三月に訪朝した韓国特使団に北朝鮮は米朝首脳会談を提案、その後、米国に赴いた韓国特使団に対し、トランプ大統領は北朝鮮からの提案を了承した旨を伝え、四月にはポンペオCIA長官（当時。現国務長官）が秘密裏に平壌を訪れている。この間、米朝共に、中国との会談を行い、朝鮮半島情勢についての協議が進められたと思われる。

米朝は互いに、慎重に相手の出方をうかがっていた。二〇一七年に頻繁に行われたミサイル発射実験は一一月のICBM発射以来、鳴りを潜め、二〇一八年四月には「並進路線は勝利を収めた」として、核ミサイル実験停止が宣言された。また、米韓合同軍事演習はオリンピック・パラリンピックを理由に延期され、同年四月に実施されたときも期間は通常の半分に短縮された。北朝鮮は演習が行われたことを理由に、予定されていた南北閣僚級会談の実施を中止すると発表、六月に予定された米朝首脳会談についても警告したが、韓国の仲立ちを通して、急速に潮目は変わり始めていた。

ブレーキを踏み続けた日本

急転する事態の中で浮かびあがったのは、朝鮮半島情勢をめぐる日韓の認識のズレである。

平昌オリンピック・パラリンピックを前に、米韓合同軍事演習を延期するという韓国の提案に対し、日本は強い危惧を表明する。対立を深める米朝の仲介に動いていた韓国にとって、日本の動きは、平和的な交渉の流れに横槍を入れる干渉に思えたはずである。一方、日本からすれば、北朝鮮との交渉に前のめりで、米国をも巻き込んだ米朝交渉の舞台づくりに励む韓国は、非核化をうやむやにした「宥和政策」に一方的に傾きつつあると見えたはずだ。

日本では平昌オリンピックでの南北融和ムードにも批判的な雰囲気が漂い、一時は安倍首相が開会式への出席を見合わせると報じられ、次期夏季オリンピック・ホストシティのトップである小池東京都知事は平昌オリンピックに足を運ぶこともなかった。多くのメディアは、オリンピック・パラリンピック終了後に延期されていた米韓合同軍事演習が始まれば北朝鮮は態度を硬化させ、二〇一七年の危機的状況が再燃されるとの悲観的な予測を報じた。一部には融和や和平よりも軍事的衝突を望むかのような空気が充満し、実際に米朝が衝突すれば日本にも深刻な人的、物的被害がもたらされることへの想像力が働いているのかと、疑わざるをえないような過激な論調も見られるほどだった。

このような日本の姿勢に対して、韓国側では「二〇一七年の状況が続いていれば、東京オリンピックの開催も危ぶまれたかもしれないのに」と不満が募っていたと思われる。

こうして、日本が南北融和に動く韓国を「前のめり」と捉え、韓国が「日本が足を引っ張っている」と見なす形でのすれ違い、あるいは対立の構図が出来上がっていった。

本来であれば、米国の同盟国としてその国力からみても韓国より重きをなす日本には、国民的な悲願である拉致問題の解決へ至る道を切り拓いていくためにも、米朝対立の間に入り、両者の仲介役を果たす可能性があったはずである。

すでに触れたように、中曽根内閣のときには中韓の仲立ちをすることに成功し、また小泉内閣のときには日朝関係の構築を通じて米朝を仲介する骨太の外交戦略が実現されようとしていた。しかし、拉致問題を前面に出して国民的な指導者に躍り出た安倍内閣のもと、残念ながら、骨太のビジョンに裏付けられた外交戦略は影を潜め、北朝鮮との交渉の問題は国内世論の動向の問題に転換され、移り変わりやすい世論の動きによって外交や安全保障の戦略が左右されがちな状況が生まれてしまったのである。

北朝鮮への圧力一辺倒の強硬姿勢は、一時的に世論の高い支持や賛同を得られても、外交が基本的に妥協のゲームである限り、それはいつかは限界を露にせざるをえない。文在寅政権は、既に第一、第二章で述べたように、盧泰愚政権以来の南北共存への国家的な政策の延長上で、南北交流と米朝交渉の仲介役を果たそうとしたのである。裏を返せば、今日本に現代版の中曽根政権や小泉政権があれば、韓国の出番はなかったかもしれない。それほど、北東アジアの新しい秩序形成の勢力地図で日本の位置は低下していたのである。

「板門店宣言」と初の米朝首脳会談の意義

二〇一八年四月二七日、板門店で三回目となる南北首脳会談が行われた。文在寅と金正恩が手を取り合って三八度線を越える場面は、内外に南北融和を強く印象づけるものとなった。韓国側にある「平和の家」で会談を行った両首脳による共同宣言「朝鮮半島の平和と繁栄、統一のための板門店宣言」では、過去二回の南北首脳会談の合意の継続が再確認され、経済面も含めた南北の交流促進が謳われた。そして、朝鮮半島における軍事的緊張の緩和のために共同で努力すること、朝鮮半島の恒久的平和体制構築は「もはや先送りできない歴史的課題」であることが明確に示された。

この中で、南北は休戦協定締結六五年になる二〇一八年、終戦を宣言して休戦協定を平和協定に転換し、恒久的で強固な平和体制構築のために南北米の三カ国、または南北米中の四カ国の協議開催を積極推進していくことが合意され、平和体制構築への協働の取り組みが確認された。それは、「南と北は、完全な非核化を通して核のない朝鮮半島を実現するという共通の目標を確認した」という文言とともに、この後に予定されている米朝首脳会談に向けた布石でもあった。それからわずか一ヶ月後に再び文在寅と金正恩は板門店で会談を行った。このときの会談開催には事前の発表がなく、トランプ大統領が六月に予定された米朝首脳会談を中止にする可能性を示唆したことを受け、両首脳が対応を協議したと思われる。

そして六月になって予定通り、史上初の米朝首脳会談がシンガポールで開催された。共同声明の前文では米国が「北朝鮮に安全の保証を提供することを約束」し、北朝鮮は「朝鮮半島の完全な非核化への、確固として揺るぎのない約束」を確認している。具体的な内容や期限などが示されなかったことについて、トランプ大統領は記者会見で「時間が足りなかった」「完全な非核化には時間がかかる」とし、非核化の「プロセスはこれから始まる」と強調した。また、自らが今後、平壌を訪問することや適切な時期に金正恩をホワイトハウスに招待する意向も示した。「金委員長は才能ある素晴らしい人」と持ち上げる一方、制裁に関しては「北朝鮮核問題が重要でなくなったら考える」と継続することを明言、米国は北朝鮮に妥協していないという姿勢をとった。

鳴り物入りの米朝首脳会談は、非核化の手順やその範囲、さらに具体的なロードマップについて詳細にできないまま終わり、劇場型のパフォーマンスに過ぎないという批判が内外のメディアから沸き起こった。ただ、それを中身のない政治ショーと一蹴することはできない。ありえないと思われた米朝首脳会談が実現されたこと自体に意義があるからである。逆に言えば、六十数年にわたる米朝の確執は、一、二度、首脳が顔を合わせれば氷解するほど、生半可なものではないのである。それでも、史上初の米朝首脳会談は、戦争の瀬戸際にあった米朝に話し合いのテーブルに就くことを促した点で意味があったと言える。

異形の大統領、トランプ

兎にも角にも米朝首脳会談が実現した背景には、北朝鮮の「核武力の完成」とともに、トランプという「何をするか予測不能」な異形の米大統領の存在がある。国内外での分断を煽り、アメリカ・ファーストを強行することへの評価はさておき、少なくとも米朝の対話のモメンタムはトランプ大統領でなければ動かすことはできなかったはずだ。

前任のオバマ政権が行ってきたこととの真逆を行くというトランプ大統領の方針は、かえって朝鮮半島情勢を前進させるのに役立ったと言えるのではないだろうか。たとえそれが、大統領再選に向けた国内向けのパフォーマンスであるとしても、トランプはトランプ以上のことを成し遂げようとしていると言えないこともない。「歴史の狡智《こうち》」と言うべきか、「オバマと同じでなければなんでも」というトランプ大統領の即興的な対北朝鮮政策は、危うさを秘めながらも、「ならず者国家」と烙印《らくいん》を押されてきた独裁国家のリーダーであっても交渉や話し合いが可能であることを、図らずも実証したのである。力の行使や恫喝《どうかつ》、一方的な圧力や強圧的な封じ込めが、取り返しのつかない惨禍をもたらしかねないとすれば、交渉や妥協といった非軍事的なプロセスを通じたディールは、たとえ時間がかかるとしても、より平和的で人的、物的コストの面でも妥当なアプローチではないだろうか。

「戦略的忍耐」政策をとったオバマ政権は北朝鮮との交渉を六者協議にして中国を引き入れ、中国との役割分担を通じた多国間交渉による解決を模索した。しかし、それは、事実上、現状維持を継続させることを意味し、結果として北朝鮮の核やミサイルの能力向上を許すことになった。それは、「失われた一〇年」となり、結果的にこの問題における米国のプレゼンスの低下と中国の発言力強化に繋がった。

これに対し、「アメリカ・ファースト」のトランプ大統領は多国間交渉を避け、北朝鮮との二国間交渉を選んだ。自らのレガシーをつくりたいという望みはもちろん、そこには、今や世界第二位の経済大国となり、安全保障上の脅威となりつつある中国を牽制しつつ、北朝鮮の核問題解決に中国を巻き込もうとする意図がうかがえる。

トランプ大統領はビジネスマンとして、「最後のフロンティア」北朝鮮のポテンシャルにも留意しているはずだ。戦前の日本にとって重化学工業の重要な拠点だった北朝鮮は、水力資源や労働力に加え、豊富な地下資源を有し、石油、金、ウラン、レアメタルなどの産出国としても有望である。北朝鮮が非核化を進め、国際社会からの制裁が解除されれば、北朝鮮とはビッグディールができ、それは米国にとって大きな利益になるはずだ。トランプ大統領はそう見立てているのではないだろうか。

トランプの足元を見る北朝鮮

前回の米国大統領選挙ではヒラリー・クリントン当選という大方の予想を覆してみせたトランプは、当初、一期四年の任期を全うできないのではないかとも言われていたが、米国の直面する未曾有の「コロナ危機」にもかかわらず、コアの支持層は揺らいでいない。ウイルス対策に効果的な成功を収めれば、トランプ再選の可能性はより高まるかもしれないが、世界経済はリーマンショックを上回る不況に陥りつつあり、混沌としていることは間違いない。他方、バイデン元副大統領が予備選挙を制し、民主党の統一候補の地位を確実にしたが、バイデン候補と予備選からの撤退を宣明したバニー・サンダース候補との間のしこりが解消されるのかどうか、まだ予断を許さない。いずれにしても、北朝鮮は、「事態を大きく動かせるのはトランプしかいない」のかどうか、見極めようとしているはずだ。

繰り返し述べてきたように、北朝鮮は、「体制を保証すれば非核化に応じる」と主張しているが、「非核化」交渉は第一回の米朝首脳会談後、難航したままだ。二〇一八年九月には文在寅大統領が平壌を訪れ、この年三回目となる金正恩との首脳会談を実施、「九月平壌共同宣言合意書」を発表し、韓国側は「実質的に（朝鮮戦争の）終戦を宣言」「朝鮮半島の非核化は（金正恩委員長が）寧辺核施設の廃棄意志を表明したことで実践的段階に突入し、軍事的緊張緩和は実質的な不可侵を制度化した」とのコメントを発表した。だが、核ミサイル実験中止、核実験場の閉鎖などの見返りとして一部制裁解除や朝鮮戦争の「終戦」を性急に求める北朝鮮に対し、米国が難色を示すなど、北朝鮮の「体制保証」も進展を見せていない。北朝鮮が存在を隠している核施設があるという米側、そしてリビアのように非核化交渉が体制崩壊に繋がることを恐れる北朝鮮側と、双方の不信感は払拭できず、交渉は足踏みする。

二〇一九年二月、トップ同士の会談による打開を目指して、二度目の米朝首脳会談がベトナム・ハノイで行われた。しかし、出されるはずだった共同声明は土壇場で破綻する。ブッシュ政権にも在籍していたネオコンのボルトン大統領補佐官が、完全非核化を求める一括妥結のビッグディールを主張、あくまで段階的非核化を行いたいという北朝鮮側との溝が埋まらなかったと言われている。

膠着状態にしびれを切らしたかのごとく、二〇一九年五月、北朝鮮は中断していたミサイル発射実験を再開する。ただし、それは米国本土を射程圏内としない短距離ミサイルであり、トランプ大統領はこれを事実上黙認する。北朝鮮側は挑発を繰り返すことで、交渉ラインを見極めようとしたに違いない。六月、日本でのG20サミットに出席したトランプ大統領はその足で韓国から板門店に向かい、南北米の首脳が一堂に会したものの、「トップ外交」は不発に終わった。この「板門店会談」で確認された米朝実務者協議の再開がようやく実現したのは一〇月、強硬派のボルトンは既に解任され、なんらかの進展が期待されたが、結局、非核化をめぐる双方の主張は平行線を辿った。

米国は制裁という基本的な枠組みの中で人道支援以上の非制裁措置を取る提案を行っているが、北朝鮮側はあくまで制裁解除を要求している。

こうした北朝鮮の強気な態度の裏には、首脳会談で築かれたトランプ大統領との個人的な「ブロマンス」（ブラザーとロマンスの掛け合わせ）の関係もあると思われる。だが、北朝鮮の核とミサイルという「ダモクレスの剣」（身近に差し迫った脅威）のもとで常に危機にさらされる日本にとって完全非核化は必須であるはずだ。

他方、韓国は依然として交渉進展に意欲を見せているが、北朝鮮は韓国の仲介よりもトランプ大統領との個人的関係に活路を求めているように見える。北朝鮮にとっての優先順位は、まず体制保証に直接的に繋がる対米関係の改善であり、南北関係の改善はその後でよいと考えている節がある。だが、北朝鮮が投げ続けるボールをトランプが投げ返す動きは見られず、依然として膠着状態は続いたままだ。

軍事的オプションはありえない

最大の焦点である「非核化」については、ＩＣＢＭの放棄だけでよしとするか、それとも短中距離ミサイルも含めた一切の核の放棄とするのか、また具体的な検証をどうするのかなど、「非核化」の内容とその前提条件がなかなか詰められないままだ。万が一、米国を射程からはずすという条件で短中距離ミサイルが北朝鮮の防衛手段として認められれば、それは日韓にとっては大きな脅威とならざるをえない。

それでも交渉の決裂がすぐに軍事的オプションに結びつくことにはならないはずだ。多大な犠牲が予想される韓国にとっては決して呑《の》めない選択肢であり、韓国の同意なくして米国単独で北朝鮮に対する軍事力の行使に走れば、韓国の協力が望めないだけでなく、中国との局地的な衝突も覚悟しなければならなくなるのではないか。また、米朝の軍事対決は、国内の米軍基地が攻撃対象となる日本にとっても甚大な被害が避けられないという、危機的状況にほかならない。北朝鮮は既に事実上の核保有国であり、米朝の全面衝突が、北東アジア、ひいては世界経済に与える影響は計り知れないはずだ。とすれば、残された道は、交渉による解決しかない。

冷戦後の三〇年にわたり北朝鮮の非核化が成功しなかったのは、結局のところ「非核化すれば体制保証に応じる」というアプローチが成功しなかったからである。にもかかわらず、未だに「非核化が先だ」と譲らないのであれば、今後も同じことが延々と続いていくことにならざるをえない。確かに北朝鮮が経済的にも社会的にもこれまで以上に疲弊している兆候は見られる。それでも、北朝鮮の体制が近いうちに自壊すると想定できる根拠はどこにもない。むしろ、そうした希望的観測こそ、問題解決を遠ざけてきた障害である。

これまで見てきたように、米国の対北朝鮮政策の過ちは、非核化交渉に北朝鮮の民主化や市場経済化も絡めようとしたことである。北朝鮮経済は社会主義体制から国家資本主義への移行期にあり、国家の存立という安全保障の問題と民主化、市場経済化を同時的に実現させることは不可能である（三位一体の不可能性＝Impossibility Trinity）。逆に言えば、安全保障が約束されれば、非核化交渉は動き出し、それが実現されることで市場経済への移行が可能となるかもしれず、またその後、困難ではあっても民主化への漸進的な動きが芽生えてくることも不可能ではない。あるいはそれが一挙に進まず、中国型の国家統制社会へと移行することになるかもしれない。

いずれにしても、まず優先すべきは、国家の存立にかかわる安全保障の問題であり、その保証を約束しつつ、確実に市場経済へと北朝鮮を誘導していくことが、北朝鮮の内側からの変化を促す最も確実な方法であることに変わりはない。

北朝鮮が核を放棄する可能性

もっとも、実際に体制が保証されたとして、それによって果たして北朝鮮は核を放棄するのかどうか。少なくとも検証可能で、不可逆的な完全な核放棄に応じるのかどうか。核を、さらにミサイルを交渉材料に米国と渡り合ってきた北朝鮮が、自らに有利なカードを手放すはずがないという声も根強い。

しかし、国際社会からの制裁という枷が外れない限り、北朝鮮経済の苦境は続いていくはずだ。まだ四〇歳にも手が届かない若き独裁者、しかもスイス留学など海外経験のある「金王朝」の三代目が、これから一〇年、さらに二〇年、核による瀬戸際外交を続け、その体制を今後も維持できると楽観しているだろうか。それは、後々、強権的な独裁を行い国民に困窮生活を強いた結果、革命によって処刑された旧ルーマニアのチャウシェスクと同じ末路を辿ることにならざるをえないと考えるのではないか。

もし、北朝鮮はどのような条件を提示しても核の放棄や非核化には応じず、ひたすらインド型、あるいはパキスタン型の事実上の核保有国として承認されることを求めていると判断するなら、北朝鮮との交渉そのものが無意味であり、今後も制裁と封じ込めを強化し、北朝鮮の自壊なり「暴発」を待つしかない。だが、それがいつ奏功するのか、確かな見通しも立たないし、また自壊や「暴発」がどのような形となって現れ、それが朝鮮半島のみならず、北東アジアにどう影響することになるのか、皆目、見当もつかないのが実情だ。

確かに金日成の時代から一貫した「体制への脅威がなくなれば、非核化の措置をとる」

という北朝鮮のスタンスには、疑問符がつかざるをえない。それでも、金王朝という「聖家族」による正統性をバックに統治を行う金正恩が「偉大な祖父」の遺訓に背いて方針を急転換することは、簡単なことではないはずである。そうであるなら、北朝鮮が核を使わなくてすむ環境をつくるために、終章で改めて言及するように、行動には行動、約束には約束の相互的かつ漸進的な並行アプローチを通じた解決の道しか残されていないように思われる。具体的には非核化と制裁解除の相互確証による段階的な実現を図りつつ、相互の信頼を積み重ねていくプロセスの中で休戦協定を平和協定に変え、米朝間の連絡事務所の設置や国交正常化交渉などを進めていく、といった流れが考えられうる。その場合には、日本、中国、ロシア、周辺各国や国連安保理がそれを保証する体制をつくることが重要である。具体的には六カ国協議を多国間の枠組みとして設定し、その中に米朝二国間の交渉を埋め込み、その進展を保証していくことが想定されうる。それはまた、北朝鮮が短中距離ミサイルを放棄しない場合の抑止力としても働くし、北朝鮮の体制の多国間保証の枠組みにもなるはずだ。

北朝鮮の完全非核化がどこまで達成できるかは不透明だが、北朝鮮がＩＣＢＭや寧辺核施設を廃棄し、ＩＡＥＡの査察を受け、ＮＰＴに復帰するということになれば、米国は制裁解除に応じると思われる。その場合、在韓米軍の存在が問題として浮上してくるはずだが、北朝鮮は二〇〇〇年の南北首脳会談で、在韓米軍の役割が変われば、南北の緊張緩和と共存の段階での在韓米軍の過渡的な駐留を事実上認めている。米朝関係が良好なものになり、北朝鮮に対する抑止力としてではなく北東アジア地域の安全保障が目的となれば、北朝鮮は在韓米軍の暫定駐留を認めることになるのではないか。

日本は核を保有すべきか

一括妥協のビッグディールではなく段階的なステップを踏むとなれば、朝鮮半島非核化のプロセスは長期にわたらざるをえない。そのスタートラインに立てるかどうかは、金正恩とトランプの政治的決断に委ねられている。

長い非核化の過程で、北朝鮮は暫定的な「核保有国」として存在することになる。だが、それでも着実に非核化が進展していくプロセスが目に見えて明らかになれば、日本国内の恐怖感は徐々に和らげられていくはずだが、逆に期待されたほどの成果が見られなければ、日本にも核保有論がこれまで以上に台頭してくる可能性がある。

確かに、日本は大量のプルトニウムを保有しており、技術的にも核兵器開発の能力がある。しかし、再処理施設を外国に依存せざるをえないことに加え、核兵器製造に必要なウランを自国で調達できないことが大きなハードルとなっている。唯一の被爆国として核廃絶を望む世論の力も強く、また日本が核保有国になることを国際社会が望まない以上、兵器転用目的の再処理やウラン輸出に応じる国があるとは考えられない。にもかかわらず日本が核兵器開発に踏み出すとなれば、ＩＡＥＡ査察拒否とＮＰＴ脱退しか道はない。核兵器開発については佐藤栄作内閣の時代にも検討されているが、南北に長い国土で太平洋ベルト地帯に基幹産業が集中している日本は核戦争に適さないと断念された経緯がある。技術的に可能であったとしても、現実的には日本の核保有はありえない選択なのである。

拉致問題解決に向けて

これまで見てきたように、確かに北朝鮮の核危機をめぐる交渉は停滞気味だ。しかし、米朝を結びつける糸は完全に切れているわけではない。また、韓国の働きかけに応じようとしていないとはいえ、北朝鮮は南北間の様々な協定や合意を反故にすると宣言しているわけではない。その意味で南北間のチャンネルが完全に途絶えているわけではない。また中朝、ロ朝の関係は、これまで以上に良好である。六者協議に参加した中で、日本だけが北朝鮮と直接の関係が作れないまま取り残されている。

これまで日本政府は北朝鮮に対して「拉致問題解決」という前提条件を絶対に譲らず、圧力のみで向き合ってきた。それは圧倒的な国内世論の後押しを受けての政策でもあったが、結果を見れば拉致問題の解決はますます遠ざかりつつあると言える。非核化が優先された六者協議でも、またトランプ大統領や文大統領に北朝鮮へのメッセージを託しても、状況は何ら変わってはいない。

二〇一九年五月、安倍首相は「前提条件をつけずに日朝首脳会談を開く用意がある」と突如、表明するに至った。それは、主に圧力に力点を置いてきた対北朝鮮政策の転換を意味しているが、まだその成果は目に見える形とはなっていない。この間、拉致被害者の家族は高齢化が進み、有本恵子さんの母、嘉代子《かよこ》さんは再会を果たせないまま亡くなった。無念だったに違いない。拉致問題解決は国民的な悲願であり、そのためにも日朝間の直接交渉は避けて通れない課題である。

ただ、残念ながら、これまでのところ北朝鮮は日本側の働きかけにはほとんど目に見える形で反応していない。明らかに、米朝交渉が優先されており、そこで体制保証の手がかりが摑《つか》めない限り、北朝鮮が日本との二国間交渉に応じるとは考えられない。本来、拉致問題の解決を迫る日朝二国間交渉は、北朝鮮の非核化とその体制を保証するプロセスと並行して進められるべきであった。そのためには、圧力一辺倒ではなく、制裁を加えながらも、他方で北朝鮮に出口を指し示す硬軟両用の外交戦略が必要であった。にもかかわらず、そのような複眼的な外交戦略を欠いたまま、もっぱら米国の対北朝鮮外交の後塵《こうじん》を拝してきたところに、安倍外交の限界があったとも言える。近年ではオバマ政権の「戦略的忍耐」からトランプ政権の直接交渉へと、米国の北朝鮮に対する外交戦略は大きくスイングしており、その極端から極端への軌跡をなぞるように、安倍政権は今では一切の条件を排して北朝鮮との直接交渉に乗り出そうとしているように見える。しかしそれでも北朝鮮が動き出す気配はない。明らかに日本の足元を見ているからである。

北朝鮮が、日本の働きかけに目を向けるタイミングは、米朝交渉が動き出してからとなるに違いない。そのためには、米朝交渉の進展に日本はどのように積極的に関与していくのか、そのスタンスを明らかにしておく必要がある。つまり、日本というゲートを通り抜ければ、確実にワシントンへと通じる経路が用意されていることを北朝鮮に確信させる必要があるわけだ。

韓国の限界と日本の可能性

北朝鮮に交渉進展を呼びかけ続ける韓国に対して、北朝鮮は「(韓国と)これ以上、話すこともなく、対座する考えもない」と取り付く島もない。二〇一九年一〇月に平壌で行われた北朝鮮対韓国のサッカーワールドカップ予選は無観客試合となったが、敵意むき出しの北朝鮮選手のラフプレーは、韓国サッカー協会関係者が「まるで戦争のようだった」とコメントするほどの激しさだったという。今や二〇一八年四月の南北首脳会談で見せた友好ムードはすっかり冷却したかのようだ。

「だから北朝鮮は信用できない」「韓国は前のめりになりすぎて失敗した」という声も聞こえてくるが、北朝鮮の豹変《ひょうへん》の裏には、「南は約束違反をしている」という北朝鮮側の理屈がある。非核化をめぐり米朝交渉が膠着する中、制裁が継続しているため、九月平壌共同宣言で同意したはずの開城工業団地や金剛山観光事業の再開、南北の鉄道・道路の連結事業などを進められないでいることに加え、米韓合同軍事演習が規模が縮小されつつも中止されないことに、北朝鮮は大きな不満を抱いていると見られる。

金正恩は二〇一九年の「新年の辞」で「板門店宣言、九月平壌共同宣言、北南軍事分野の合意書は、北南間に武力による同族間の争いを終息させることを確約した事実上の不可侵宣言」である、と述べているが、そのような合意があるにもかかわらず、北朝鮮との戦闘をシミュレーションする米韓合同軍事演習を未だに実施していることに対する強烈な不満が北朝鮮の言い分である。

この「北南軍事分野の合意書」は、板門店宣言で南北の軍事的緊張の緩和が謳われたことを受け、二〇一八年九月に南北の国防相レベル会談で合意されたものである。合意書では、南北間の敵対行為中止や非武装地帯（DMZ）の「平和地帯」への転換など、六つの項目に実行にあたってのプロセス等を盛り込んだ、詳細な内容が記されている。「新年の辞」ではこの合意書の内容に触れつつ、「朝鮮半島情勢緊張の根源となっている外部勢力との合同軍事演習をこれ以上許してはならず、外部からの戦略資産をはじめ戦争装備の搬入も完全に中止されなければならないというのが、我々の主張」と強い言葉を発している。

韓国は当然、こうした北朝鮮の考えを理解しているはずだが、米国という枷により、経済面でも軍事面でも合意内容を実行できないというジレンマを抱えている。そのため、主体的に動くべく様々な行動を起こしても、そのジレンマとのギャップが際立ってしまう。

米国への依存が大きいという条件は日本も同様だが、国力や親密な二国間関係という点では、日本は韓国以上に米国から重きを置かれている。その優位性を活かせば、韓国の限界を埋めるために日本が果たせる役割は決して小さくはない。

しかし、現在の安倍政権は対韓国、対北朝鮮ともに対決姿勢を強め、外交的ポテンシャルを十分に活用できているとは言い難い。長期安定政権である安倍政権だからこそ、朝鮮半島、さらには北東アジアの平和と安全の新たな秩序構築というより大きな構想を描きつつ、大胆な外交的戦略とそのための政治的選択を行うことも不可能ではないはずだ。

南北統一は日本にとって脅威なのか

日本では、南北統一によって文政権が日米韓の安全保障体制から脱し、中国寄りの姿勢に転じて、北朝鮮と共に日本への圧力を強めようとしているのではないかと危惧する声が強い。また、南北の緊張緩和が進めば、韓国内に駐留する米軍が撤退して力の空白が生まれ、そこに北朝鮮と中国の勢力が伸張するのではないかという不安もある。三八度線が対馬海峡まで南下し、日本の安全保障を揺るがすことになると憂慮されているのだ。

しかし、これらの「南北統一脅威論」は、これまで韓国と北朝鮮が取り交わしてきた南北統一に向けての合意内容を理解すれば、ほとんど杞憂と言ってよい。文政権も踏襲していると思われる金大中元大統領の「三段階統一論」では、完全な南北統一に至るまで少なくとも三〇年が必要とされている。前述のとおり、その過渡期における在韓米軍の駐留を北朝鮮は事実上許容するという意志が示されており、また朝鮮半島の米軍撤退についても、平和協定締結によって米軍の役割が対北朝鮮ではなく北東アジア地域の安全保障となれば、駐留存続はむしろ現実的な案ということになるだろう。そうした状況において、統一された南北が完全に中国サイドにつくということはまず考えにくい。また南北が歴史的に抱いてきた複雑な対中感情を考慮に入れても、そのような可能性はかなり低いはずだ。

新たなパワーバランスからチャンスが生まれる

第三章で述べたとおり、日本は韓国との国交正常化により六〇兆円以上の累積貿易黒字を得てきた。こうした「特需」は日朝国交正常化によっても生まれるはずであり、特に地理的に近い九州経済へのインパクトは大きいと思われる。

将来の南北統一国家は両国を合わせて約八〇〇〇万人の、ドイツと同規模の国家となる。新たな市場が創設されるのみならず、南北を連結する鉄道や道路の開通により、朝鮮半島はユーラシア大陸の最東端に位置する物流の戦略的拠点として発展していくことになるだろう。北朝鮮から産出される地下資源の輸出や中国との貿易はもちろん、ウラジオストックやシベリアからパイプラインを引くことも可能になる。海路を使った物流に比べ、陸路の物流はコストと移動日数を大幅に減らすことができる。韓国は地政学・地経学的リミットを突破し、陸の孤島から一転して「ユーロアジア」全域に広がる通商や交流の可能性が開けていくことになる。

かつて東西ドイツが統一されたときと同じように、統一コリアにもＩＭＦや世界銀行、世界の投資家たちによる資金が投入されることになるだろう。まさに平和的特需が出現し、米国、中国、韓国の大手企業が参入する中、日本企業が関与する余地もあるはずだ。

このように南北統一は日本にとって脅威ではなく、むしろ「新しいフロンティア」の出現と見なすべきではないだろうか。

朝鮮半島をめぐる長い道のり

劇的な南北、米朝首脳会談の後、米朝交渉が停滞して一年以上が経った。現状のみに焦点を当てれば見通しは暗いように思えるが、朝鮮半島の特徴は、中東と違って複数の大国に囲まれ、それぞれの勢力が均衡を保つようなパワーバランスが働くことにある。本章で述べてきたように、より広い視野をもってすれば膠着状態を打開する道は必ずあるはずだ。

その道は、朝鮮半島の非核化と同時に平和体制が構築され、南北が国家連合として交流を深めながらやがて統一するというプロセスへと続いていくことだろう。その過程で、日朝国交正常化への取り組みも行われていくことになるに違いない。言うまでもなく、その道のりは決して平坦ではない。南北が国連に同時加盟した一九九一年から既に三〇年近くの歳月が経ち、二〇〇〇年の初の南北首脳会談からも二〇年が経過した。東西ドイツは国連同時加盟後一七年で吸収合併となったが、朝鮮戦争という「熱戦」を経た南北の統一にはそれ以上の時間がかかるのはやむをえない。しかし、どれだけ長く困難であっても、この長い道のりを踏破していくしか道はない。

果たして日本は、南北とともにそうした道のりに積極的に関与していくことができるだろうか。終章では、朝鮮半島の未来とかかわる日本の役割について明らかにしてみたい。

終章　朝鮮半島と日本の未来

冷戦型覇権競争の終わり?

終章では、朝鮮半島と日本の未来について今後の展望となるラフなスケッチを描いてみたい。

そのためにはまず、グローバルな世界秩序の変容について、その一端を明らかにしておく必要がある。半島と列島の未来は、日韓や日朝、南北といった二国間関係にとどまらず、北東アジアに死活的な利益をもつ米国や中国、ロシアなどとの多国間関係にも関わっており、さらによりグローバルな世界秩序やその構造的な権力の編成と関連しているからである。

その中で新しい覇権競争として米中対立がクローズアップされ、「新冷戦」の始まりという診断も現実味を帯びつつある。米中間の覇権競争や先端技術の独占をめぐる熾烈な争いなど、超大国間のパワーゲームは、強大国が相互に牽制し合う地政学的要衝としての朝鮮半島の分断体制にも影を落とさざるをえない。

ただし冷戦の勝者を自認する米国と、新興の大国・中国との間に、かつての東西対立のときに存在していたような、相互の陣営を固めてそれぞれの勢力圏を暗黙裡《あんもくり》に承認しながら、超大国の「裏庭」には原則として干渉しないという、敵対的な相互依存のルールが成立しているわけではない。なぜなら、世界第二位の経済大国となった中国は、資本主義的な世界秩序の中ではせいぜい「半中心」的な位置しか占めていなかった旧ソ連とは異なり、今やその中心的な位置を占めつつあるからである。したがって中国を「封じ込める」となれば、米国といえどもその死活的な利益を犠牲に晒《さら》す「負のブーメラン」を覚悟しなければならない。

そして、中国のハイテク化の先端的なモデルとされてきた武漢を発生源とする新型のウイルスは、中国経済の極端な落ち込みの余波を伴って世界に拡散し、米国経済のみならずグローバル経済そのものを揺さぶりつつある。世界は「危機の遍在」（オムニクライシス）に陥っているのであり、どこにも安全地帯はないと言っても大袈裟《おおげさ》ではない。

歴史を遡れば、第一次世界大戦末期の一九一八年から翌年にかけて猖獗《しょうけつ》を極め、世界を震撼《しんかん》させたのは、「スペイン風邪」である。この大流行したインフルエンザは、当時の世界の人口の三割近くに及ぶ五億人が感染し、五〇〇〇万人以上の死者を出した。日本でも四〇万人近くがこの感染症で死亡している。短期間で膨大な数の死者を出した点で、スペイン風邪は総力戦としての第一次世界大戦の惨禍を上回っていたのである。歴史に「もしif」という仮定を持ち込んで言えば、スペイン風邪が第一次世界大戦の初期に世界に広がっていたとしたら、あのような長期にわたる持続的な塹壕《ざんごう》戦と総力戦は不可能だったのではないか。そうすれば、大戦の犠牲者はもっと少なかったかもしれない。

イデオロギー的には、第一次世界大戦後、米国の「ウィルソン主義」と旧ソ連の「レーニン主義」の対峙《たいじ》から始まったとされる冷戦の時代、気候変動やテロリズム、海賊や越境犯罪、貧困や感染症という「非伝統的安全保障」の問題のうち、感染症のパンデミック化が、平和や戦争、主権国家や軍事力、同盟や集団安全保障、軍縮や勢力均衡といった「伝統的安全保障」の問題を凌駕《りょうが》することになるとは想定されていなかった。スペイン風邪の猖獗は、パンデミック化した感染症が総力戦的な戦争の惨禍以上の被害をもたらしかねないことを一九一〇年代末の段階で既に示していたのである。

それからほぼ一〇〇年を経て、世界は地球的規模の相互依存の総和となり、スペイン風邪ほどパンデミック重度指数（PSI）が高くなくても、未知の感染症がグローバルなサプライチェーンを寸断させ、国境を越えて循環する物流や情報、さらには人の動きを阻む目に見えない壁になってしまうことが明らかになった。グローバルな世界とは、逆に言えば相互依存の高まりのために、システムの脆弱性《ぜいじゃく》（vulnerability）が異常に高まってしまった世界でもあるのだ。このことは、敵対的な関係にある国々の間にも、「非伝統的安全保障」の面で相互に重なり合う部分があり、したがって妥協や協力に向けた可能性が開かれていることを示唆している。新型コロナウイルスによる危機は、逆にそのような新しい可能性を切り開くことになるかもしれないのである。

だとすれば、もはや中国の損失が米国の利益であり、米国の損失が中国の利益であるという、ゼロ・サム・ゲーム的な冷戦型の覇権競争だけで世界の安定した秩序を確保することは不可能である。この基本的なパターンは、南北関係にも、また日韓関係にも当てはまるに違いない。

敵対的教理からの自由

にもかかわらず、そうした可能性が摘み取られてきたのは、どうしてだろうか。

「友／敵」によって世界を「自由」vs.「隷属」、「文明国」vs.「ならず者国家」、「光の国」vs.「闇の国」などの二項対立に分割する「十字軍的精神」が障害になっていたからである。冷戦は、そうした「自由主義」vs.「共産主義」という「政治宗教」の「生死を賭けた戦い」であった。当の米ソ超大国が直接干戈《かんか》を交えることはなかったが、局地的な戦争や内戦という形での殲滅戦《せんめつせん》が展開され、朝鮮半島は最初のその本格的な舞台となったのである。

そうした教理こそが、「人間が常に服従しなければならない最も恐るべき暴君」なのであり、「戦争をお望みなら教理を育てたまえ」（ウィリアム・G・サムナー）というシニカルな教訓は、ブッシュjr.政権の「ネオコン」が進めたアフガン戦争やイラク戦争にも当てはまる。それが、南北共存への「逆コース」を決定づけ、結局、破綻せざるをえなかったことは、第二章で述べたとおりである。

ただし、硬直した「十字軍的精神」の教理は、決して米国だけの専売特許ではない。そのコロラリー（系）は、韓国や日本にも形を変えて当てはまる。「反共十字軍」の最前線を任じていた軍事独裁下の韓国の敵愾心《てきがいしん》や、無辜《むこ》の民の拉致というテロ行為の発見以来、北朝鮮に向けられていた日本の視線には、多分にそうした「十字軍的精神」が息づいていた。北朝鮮にも「南進統一」がスローガンとして掲げられた時代、同じような精神が漲《みなぎ》っていたはずだ。北朝鮮ウォッチャーや専門家の中には、北朝鮮は核の脅しによって韓国を恫喝し、南北統一を成し遂げようとしていると分析する向きもあるが、明らかに的外れである。むしろ北東アジアで最貧国の北朝鮮が核実験やミサイル発射を通じて超大国と瀬戸際の交渉を展開しようとするのは、彼らの強さよりも弱さを示している（もちろん、核が由々しい破壊的な「凶器」であることは言うまでもない）。

国際政治も、人間の営みである以上、すべて条件づけられ、相対的であり、したがって妥協の余地が残されているのである。そして、新型コロナウイルスのパンデミック化は、冷戦型の戦略思考に大きな修正を迫り、むしろ「非伝統的安全保障」問題で体制や価値観の違いを超えた歩み寄りを促すモメンタムになるかもしれないのだ。

二国間交渉／多国間交渉と日本の役割

それでも、核という最終絶滅兵器の存在が、「非伝統的安全保障」分野での妥協や協力を阻む「伝統的安全保障」上の最大の脅威になっていることは否めない。北朝鮮の核危機がどのように始まり、どのような曲折を経て現在に至っているのかについては、第一章、第二章さらに第三章で取り上げたとおりである。

新型コロナウイルスの急速な拡大は、トランプ再選の可否がかかる米国大統領選に大きな影を落としつつあり、その帰趨が明らかになるまで、トランプ大統領が北朝鮮との本格的な仕切り直しに打って出る余裕はないはずだ。また、感染拡大に伴い、株価をはじめ経済指標が極端に落ち込めば、現役大統領のリーダーシップに疑問符が付きかねず、当面、トランプ政権は「内向き」志向にならざるをえない。他方、北朝鮮も、死活的な利害と関わる中朝国境の閉鎖によって「見えない敵」（新型コロナウィルス）の封じ込めに躍起になっており、「生存経済」を維持するだけで精一杯ではないかと思われる。今年に入って四回にわたり（二〇二〇年四月十一日現在）ミサイルを日本のＥＥＺ（排他的経済水域）外に向けて発射したのも、国内締め付けのデモンストレーションと見なされる。北朝鮮もまた、当面、様子見の状態を続けて行かざるをえないのではないか。

パンデミック化する「見えない敵」に世界中が翻弄される中、朝鮮半島の分断体制の解体にとって最大の障害になっている北朝鮮の核問題はいかにして解決されるべきか、衆知を結集するのには絶好のタイミングかもしれない。

機は熟してきている。本書でも繰り返し言及したように、非核化はかなりの歳月を要する「長い道のり」にならざるをえず、米国の有力専門家の予測によれば、「完全な非核化」には最低でも一五年はかかると言われている。既に、トランプ政権は、即断即決の一括妥結方式を改め、玉虫色とはいえ、二〇〇五年の南北日米中露の「第四回六者会合に関する共同声明」の合意に近づくアプローチを取りつつある。つまり、「完全で検証可能、そして不可逆的な非核化」（CVID）を事実上棚上げし、「最終的で完全に検証された非核化」（FFVD）を目指しているのである。

明らかにこれは、第四回六者協議の合意事項の五番目、「六者は、『約束対約束、行動対行動』の原則に従い、前記の意見が一致した事項についてこれらを段階的に実施していくために、調整された措置をとることに合意した」に限りなく近づきつつあることを意味している。ここで指摘されている「前記の意見が一致した事項」の中で特に重要なのは、「北東アジア地域の永続的な平和と安定のための共同の努力」をし、「直接の当事者」が「適当な話合いの場」で、「朝鮮半島における恒久的な平和体制について協議する」という文言である。

このように、北朝鮮の非核化を段階的かつ漸進的なアプローチを通じて目指し、そのプロセスの中で休戦協定体制としての「分断体制」に終止符を打ち、永続的な「平和協定体制」へと移行するために、南北や南北米中、さらに日本やロシアを加えた北東アジアの多国間による平和構築の枠組みが提示されていると見ることができるだろう。

それでも、米朝交渉は決定的なブレークスルーへの勢いに欠けたまま、現在に至っている。その根幹にあるのは、米朝両国の間に横たわった積年の相互不信である。

非核化は、まず核実験の完全停止を手始めとする。米国側は、北朝鮮が核兵器一発を破棄し、ミサイル発射施設を一ヶ所解体したに過ぎないと見ており、まず核実験の完全停止がなされているのかどうかにさえ、疑いの念を抱いているようだ。第二段階は、核開発政策の転換であり、次に開発政策の完全な排除が続くと想定される。それに対して米国は、北朝鮮がウランやプルトニウムを備蓄し、液体燃料ではなく固体燃料型の弾道ミサイルの製造、発射拠点を拡大しつつあると見ているようだ。さらに、北朝鮮が、核兵器廃棄の手続き、そのプロセスを先延ばし、あるいは隠蔽しているのではないかと疑っているのである。

こうした米国側の不信に対して、北朝鮮側でも対米不信が尽きず、米国は北朝鮮を徐々に丸裸にし、最終的にはかつてのカダフィ大佐のリビアと同じ隘路に追い込もうとしているのではないかと疑っているように見える。

ただ、事実上「リビア方式」に沿って北朝鮮の「戦略的決断」に向けて圧力を加え、一挙に核及び関連施設の物理的な破壊を主張していた強硬派のボルトン大統領補佐官が罷免された経緯を見ると、トランプ政権が、段階的かつ漸進的なアプローチに傾いていることは間違いなさそうだ。

しかし、問題の核心は、「検証」に重きを置く米国にとって、検証するといっても、北朝鮮がどれだけの核兵器を保有し、どのような核関連施設を擁しているのか、その全貌が判然としない以上、包括的かつ正確な実態が掴めないことにある。その場合、北朝鮮の申告がどれほど客観的かつ正確であるのか、まさにその「検証」が必要となる。ここには、「クレタ人はみな嘘つきだ」とクレタ人のエピメニデスが言ったというパラドクスと同じジレンマが内在している。

それではこのジレンマを突破する手立てはないのか。あるとすれば、米朝間の根の深い、戦争凍結状態で過ぎた約七〇年の積もりに積もった相互不信を解いていくしかない。そのためには、約束には約束、行動には行動の相互主義、互恵主義に基づき、北朝鮮への一部制裁解除と南北間の道路・鉄路を含めた往来と経済交流を、北朝鮮の然《しか》るべき核兵器の部分的廃棄や核関連施設の部分的解体に応じて履行していくしか手立てはないのではないか。これを繰り返していく中で、米朝間に徐々に相互信頼が芽生え、核の放棄が確実に北朝鮮にとって実益をもたらすことが実感できれば、エピメニデスのパラドクスから脱却できる突破口が開かれていくに違いない。

戦争が最悪の選択であることは、すでにイラク戦争が実証している。戦争の勝利と軍備の栄光が、国益に繋がるわけではない例として、イラク戦争は長く歴史に刻まれるはずだ。ましてや、北朝鮮は事実上の「核保有国」になっている。この冷厳な事実を認めた上で、戦争以外の、非軍事的な手段を通じて問題解決を図るしか他に方法はない。それでも実力行使を叫ぶ人々がいるとしたら、以下の国際政治の碩学《せきがく》の言葉を贈りたい。

「対外政策の目的は相対的かつ条件的である。それは、相手側の死活的利益を傷つけないで自国の死活的利益をまもるために、必要な限り相手側の意思を曲げる——打ち砕くのではない——ということである。対外政策の方法もやはり相対的かつ条件的である。なぜならその方法は、道の障害物を破壊して前進することではなくて、その障害物の前で後退したり、それを包囲したり、その回りに策略をめぐらしたり、さらには、説得、交渉および圧力によってそれをゆっくりやわらげ解消する、といったことであるからだ」（ハンス・モーゲンソー『国際政治』）

「非伝統的安全保障」の由々しい問題で北朝鮮も危機にある現在、ここにモーゲンソーが指摘しているような柔軟なアプローチが必要とされている。それは決して、北朝鮮をつけ上がらせる一方的な利他的行為などではなく、対外政策のリアリズムの観点からも必要な措置である。非核化に快刀乱麻の一挙的解決を望むのは、ほとんど戯画的な希望的観測に等しい。相互の信頼をひとつひとつ積み重ねていくしか道はないのである。

それでも、北朝鮮に不信が宿るとすれば、米朝二国間協議に、今は中断されたままの六者協議を組み合わせ、日中露が北朝鮮の安全を保障する多国間安全保障の枠組みを活かすことが必要だ。既に第四回の六者協議の合意では、朝鮮半島の恒久的な平和と安定は、日米中露を含めた北東アジアの安全保障と連動していると見なされている。逆に言えば、朝鮮半島の分断体制を終わらせ、それを平和協定体制へと移行させ、この地域に平和と安定をもたらすことは、北東アジア地域の安全保障と並行していると見なされているのである。日本の出番はここで極めて重要になってくるはずだ。

日本は、韓国との軋轢を抱え、北朝鮮と関係が途絶しているとしても、米国の最も親密な同盟国であり、中国とも、ロシアとも良好な関係を維持している。六者協議の舞台を北京だけでなく、東京に設定し、その議長国として米朝交渉を後押しするとともに、懸案の拉致問題解決に向けて日朝二国間交渉を打診するチャンスを摑むことも不可能ではないはずだ。それは間接的に、日本が朝鮮半島の分断体制克服に向けた触媒の役割を果たすことにもつながり、その結果、北朝鮮の脅威が減少すれば、日本の安全保障のコストは格段に削減されることになるのは間違いない。

さらに、六者協議に基づく多国間安全保障の枠組みが恒常的に制度化されていけば、北東アジア版のＣＳＣＥ（全欧安全保障協力会議）へと発展していくことも夢ではないだろう。そうなれば北東アジアにおける中国の覇権的な拡大を多国間安全保障の枠組みの中に封じ込めることができるとともに、米中間の不毛の対立を抑制することも可能となるはずだ。それは、日本が国の安全保障を日米安保だけに委ねる「現状維持」型の「一本足打法」から、北東アジアの多国間安全保障の枠組みにも軸足を置く「二本足打法」へと移行する決定的なブレークスルーになるのではないだろうか。安全保障では米国と、貿易や経済では中国とバランスを取りながら国益の確保・維持を図らざるをえない点で日本と韓国は共通した課題を抱えており、両国の協力関係の強化は、相互の利益に適っているだけでなく、両国の未来にとっても必須であるに違いない。

新型コロナウイルス感染症のパンデミック化から明らかになったように、状況の変化にランダムに対応していく「状況順応型」のパターンから脱却し、状況を率先して作り替えていく「状況先取り型」の対応が必要とされているのである。

ここに述べたようなプロセスを経て、日本と韓国は、より親密な北東アジアのパートナーとして「中規模国家」ならではのフットワークを通じて、日韓が共に逢着《ほうちゃく》しているリミットから脱却できる突破口を見つけ出せるのではないだろうか。その経済的な未来図については、既に第四章で述べた通りである。

明治以来、国民国家のシステムが東アジアを席巻《せっけん》し、新興の帝国として勃興しつつあった日本にとって、朝鮮半島は地政学的に日本列島という弓なりの国土の柔らかい部分に突き刺さりかねない「匕首《あいくち》」と見なされてきた。戦後も、そうした発想のバリエーションが維持され続けてきたと言える。

しかし、古代史にまで遡れば、日本海に張り出した半島は、大陸の最先端文化の恵みを列島に滴らせる「乳房」のような存在であった。二一世紀の新しい時代にふさわしい朝鮮半島と日本の未来は、悠久の歴史を刻んできた半島と列島の歴史を胸に刻み、共に北東アジアへ、さらにユーラシアへと協力して乗り出していくことではないか。パンデミックという禍《わざわい》は、その「啓示」となりうるかもしれないのだ。

おわりに

今から二〇年前、従って朝鮮戦争の始まりから五〇周年の年、本書でも取り上げられている二人の金（金大中と金正日）による歴史的な南北首脳会談が実現され、「撃ち方止め」の状態で凍結されたままの休戦協定体制が終わり、平和協定の締結によるポスト朝鮮戦争の時代が訪れるのではないかと期待が膨らんでいた。

二人の南北の指導者が固く握手をする劇的なシーンに、私は感極まり、涙した。その年、学生時代に韓国の民主化のために苦楽を共にした生涯の友が急性の癌《がん》で帰らぬ人になり、その喪失感が深かった分、南北和解のシーンは私の心を打った。波打つような高揚感に私は報われたという感慨でいっぱいだった。自分たちが青春の一コマであれ、心血を注いだ活動の記憶が蘇り、友を失った悲しみとともに、未来への希望が膨らんでいたのである。

しかし、その後、日朝首脳会談で「拉致問題」が公然の事実として明らかになり、北朝鮮という国家の底知れない暗部と非人道性が指弾されるようになると、歴史的な南北首脳会談の意義もかえって批判の的となり、南北の接近、両者の和解と共存を求める金大中元大統領の「太陽政策」に対する風当たりも強くなってしまった。

私は生前、金大中氏に聞いたことがある、「金正日という人はどんな人物ですか？」と。金氏は一瞬、目を閉じしばらく思案しているようだった。「クレバーな人間だ」というのが金氏の最初の答えだった。「でも、独裁者だ」。語気を強めて吐き捨てるように言葉を継いだ金大中氏の胸中に去来していたのは、何度も自分の命を奪おうとし、家族の平穏をも無慈悲に奪い、そして多くの知人や支援者、民衆を死に追いやった独裁者、朴正熙元大統領の姿だったのではないか。独裁者を最も憎んでいたのは当の金大中氏だった。その金氏は私に言った、「朴正熙氏と一度でいいから会いたかった。そして言いたかった、私はあなたの敵ではない、そしてあなたも私の敵ではない、私たちはライバルなんですと」。金氏の目にはうっすらと涙が滲《にじ》んでいた。私はその時の静かな感動を忘れることはできない。

金氏は、南北首脳会談で今度は北の独裁者と対面を果たすことができたのである。誰よりも独裁者を憎みながら、敵ではなく、ライバルとしての関係を築こうとした金大中氏。彼の「太陽政策」の根底にあったのは、何が何でも戦争を避けたい、もう二度とあの内戦のようなことを繰り返してはならないという不退転の決意ではなかっただろうか。

北朝鮮内の人権抑圧や弾圧など、由々しい問題を軽視することはできない。また、安保理決議を歯牙にもかけず、ミサイルなどの実戦配備や発射を繰り返す北朝鮮の振る舞いは言語道断だ。しかし、それでも粘り強く狭い回廊を歩み、そして平和の広場に出る。これが「太陽政策」の眼目であり、金氏のレガシーは確実に今も引き継がれていると言える。

本書は、ある意味で金大中氏との出会いを通じて得られた「太陽政策」を、私の知見と私なりの言葉で語り直そうとする試みでもある。

新型コロナウイルスが世界を揺るがし、世界恐慌すら危惧される現在、もはや敵愾心と憎悪を煽るような対決型の政治には自滅の道しかないことは明らかである。その意味では「太陽政策」が今こそ、現実味を帯びて私たちの前に朝鮮半島と日本の未来を考える選択肢として浮上しつつあると言える。「北朝鮮が高姿勢に出て、こけおどしをするのも弱者の強迫観念からだ。説得し、背中を軽くトントンとたたき、なでさすってやるべきだ」(『金大中自伝Ⅱ』)。この金大中氏の言葉をいま一度嚙みしめるべきではないだろうか。

本書をまとめるにあたり、加藤裕子さんにはひとかたならぬお世話になった。加藤さんの優れた理解力と温和な人柄にどれほど助けられたことか。ここに心より感謝の意を示したい。

　また本書は若き編集者、石戸谷奎氏の公私にわたる尽力がなければ、陽の目を見ることはなかった。特に石戸谷氏には資料の面でも多大のお世話になった。感謝の念でいっぱいである。

　そしてこの二〇年近くにわたって新書の編集に携わってくれた落合勝人氏に感謝したい。落合氏の闊達《かったつ》で鋭い指摘にはいつもハッとさせられ、学ぶことが多かった。

　最後に、本書はある意味で故金大中氏に対するオマージュとして世に出されることを記しておきたい。

二〇二〇年四月一二日

姜尚中

資料①　朝鮮半島と日本の未来について考えるための基本書

以下の書籍は、的確な資料と実証に基づいた良質な研究書や、政治指導者が著した自伝などであり、いずれも日本語で読める著作として代表的なものである。本書の執筆にあたっても大いに参考にした。「朝鮮半島と日本の未来」についてさらに深く考えたい方には、ぜひとも一読をお薦めしたい。

ブルース・カミングス／鄭敬謨・林哲・加地永都子訳『朝鮮戦争の起源』第一巻、明石書店、二〇一二年
ブルース・カミングス／鄭敬謨・林哲・山岡由美訳『朝鮮戦争の起源』第二巻（上下）、同
和田春樹『金日成と満州抗日戦争』平凡社、一九九二年
大沼久夫『朝鮮分断の歴史─１９４５年～１９５０年』新幹社、一九九三年
李鍾元『東アジア冷戦と韓米日関係』東京大学出版会、一九九六年
高崎宗司『検証　日韓会談』岩波新書、一九九六年
和田春樹『北朝鮮─遊撃隊国家の現在』岩波書店、一九九八年
崔章集／中村福治訳『韓国現代政治の条件』法政大学出版局、一九九九年
ドン・オーバードーファー、ロバート・カーリン／菱木一美訳『二つのコリア　国際政治の中の朝

鮮半島』第三版、共同通信社、二〇一五年
和田春樹『朝鮮戦争全史』岩波書店、二〇〇二年
樋口雄一『日本の朝鮮・韓国人』同成社、二〇〇二年
林東源／波佐場清訳『南北首脳会談への道』岩波書店、二〇〇八年
ステファン・ハガード、マーカス・ノーランド／杉原ひろみ・丸本美加訳『北朝鮮 飢餓の政治経済学』中央公論新社、二〇〇九年
金大中／波佐場清・康宗憲訳『金大中自伝Ⅰ 死刑囚から大統領へ―民主化への道』岩波書店、二〇一一年
金大中／波佐場清・康宗憲訳『金大中自伝Ⅱ 歴史を信じて―平和統一への道』同
和田春樹『北朝鮮現代史』岩波新書、二〇一二年
アンドレイ・ランコフ／李鍾元解説／山岡由美訳『北朝鮮の核心―そのロジックと国際社会の課題』みすず書房、二〇一五年
文在寅／矢野百合子訳『運命 文在寅自伝』岩波書店、二〇一八年
李鍾元・木宮正史編『朝鮮半島 危機から対話へ―変動する東アジアの地政図』岩波書店、二〇一八年

資料②　朝鮮半島と日本をめぐる重要諸宣言文

日韓基本条約　一九六五年六月

日本国及び大韓民国は、
両国民間の関係の歴史的背景と、善隣関係及び主権の相互尊重の原則に基づく両国間の関係の正常化に対する相互の希望とを考慮し、
両国の相互の福祉及び共通の利益の増進のため並びに国際の平和及び安全の維持のために、両国が国際連合憲章の原則に適合して緊密に協力することが重要であることを認め、
千九百五十一年九月八日にサン・フランシスコ市で署名された日本国との平和条約の関係規定及び千九百四十八年十二月十二日に国際連合総会で採択された決議第百九十五号（Ⅲ）を想起し、
この基本関係に関する条約を締結することに決定し、よつて、その全権委員として次のとおり任命した。

日本国

日本国外務大臣　　　椎名悦三郎
　　　　　　　　　　高杉晋一
大韓民国
大韓民国外務部長官　　李東元
大韓民国特命全権大使　金東祚

これらの全権委員は、互いにその全権委任状を示し、それが良好妥当であると認められた後、次の諸条を協定した。

第一条
両締約国間に外交及び領事関係が開設される。両締約国は、大使の資格を有する外交使節を遅滞なく交換するものとする。また、両締約国は、両国政府により合意される場所に領事館を設置する。
第二条
千九百十年八月二十二日以前に大日本帝国と大韓帝国との間で締結されたすべての条約及び協定は、もはや無効であることが確認される。
第三条

大韓民国政府は、国際連合総会決議第百九十五号（Ⅲ）に明らかに示されているとおりの朝鮮にある唯一の合法的な政府であることが確認される。

第四条

（a）両締約国は、相互の関係において、国際連合憲章の原則を指針とするものとする。

（b）両締約国は、その相互の福祉及び共通の利益を増進するに当たつて、国際連合憲章の原則に適合して協力するものとする。

第五条

両締約国は、その貿易、海運その他の通商の関係を安定した、かつ、友好的な基礎の上に置くために、条約又は協定を締結するための交渉を実行可能な限りすみやかに開始するものとする。

第六条

両締約国は、民間航空運送に関する協定を締結するための交渉を実行可能な限りすみやかに開始するものとする。

第七条

この条約は、批准されなければならない。批准書は、できる限りすみやかにソウルで交換されるものとする。この条約は、批准書の交換の日に効力を生ずる。

以上の証拠として、それぞれの全権委員は、この条約に署名調印した。

千九百六十五年六月二十二日に東京で、ひとしく正文である日本語、韓国語及び英語により本書二通を作成した。解釈に相違がある場合には、英語の本文による。

日本国のために

椎名悦三郎

高杉晋一

大韓民国のために

李東元

金東祚

南北間の和解と不可侵および交流・協力に関する合意書（南北基本合意書）

一九九一年一二月

南と北は、分断された祖国の平和的統一を念願する民族の意に従い、七・四南北共同声明で明らかにされた祖国統一三大原則を再確認し、政治軍事的対決状態を解消して、民族的和解を達成し、武力による侵略と衝突を防ぎ、緊張緩和と平和を保障し、多角的な交流・協力を実現して、民族共同の利益と繁栄を図り、双方の関係が、国と国との関係ではない統一を指向する過程で暫定的に形成される特殊関係であることを認め、平和統一を成就するための共同の努力を傾注することを約しつつ、次の通り合意した。

第1章　南北和解

第1条　南北は、互いに相手方の体制を認め、尊重する。
第2条　南北は、相手方の内部問題に干渉しない。
第3条　南北は、相手方に対する誹謗《ひぼう》・中傷をしない。
第4条　南北は、相手方を破壊・転覆しようとする一切の行為をしない。

第5条　南北は、現停戦状態を南北間の強固な平和状態に転換するために共同で努力し、このような平和状態が達成される時まで、現軍事停戦協定を遵守する。

第6条　南北は、国際舞台で対決と競争を中止し、互いに協力し、民族の尊厳と利益のために共同で努力する。

第7条　南北は、相互の緊密な連絡と協議のため、本合意書発効後三ヵ月以内に板門店に南北連絡事務所を設置・運営する。

第8条　南北は、本合意書発効後一ヵ月以内に本会談の枠内に南北政治分科委員会を構成して、南北和解に関する合意の履行と遵守のための具体的対策を協議する。

第2章　南北不可侵

第9条　南北は、相手方に対して武力を使用せず、相手方を武力で侵略しない。

第10条　南北は、意見対立と紛争問題を対話と協商を通じて平和的に解決する。

第11条　南北の不可侵の境界線と区域は、一九五三年七月二七日付軍事停戦に関する協定に規定された軍事分界線とこれまで双方が管轄してきた区域とする。

第12条　南北は、不可侵の履行と保障のために、本合意書発効後三ヵ月以内に南北軍事共同委員会を構成・運営する。

南北軍事共同委員会では、大規模な部隊移動と軍事演習の通報及び統制問題、非武装地帯の平和的利用問題、軍関係者の交流及び情報交換問題、大量殺傷兵器と攻撃能の除去を始めとする段階的軍縮実現問題、検証問題等、軍事的信頼醸成と軍縮を実現するための問題を協議・推進する。

第13条　南北は、偶発的な武力衝突とその拡大を防止するために、双方軍事当局者間に直通電話を設置・運営する。

第14条　南北は、本合意書発効後一ヵ月以内に本会談の枠内に南北軍事分科委員会を構成して、不可侵に関する合意の履行と遵守及び軍事的対決状態を解消するための具体的対策を協議する。

第3章　南北交流・協力

第15条　南北は、民族経済の統一的で均衡ある発展と民族全体の福利向上を図るため、資源の共同開発、民族内部交流としての物資交流、合弁投資等、経済交流と協力を実施する。

第16条　南北は、科学・技術、教育、文学・芸術、保健、体育、環境と、新聞、ラジオ、テレビ及び出版物を始めとする出版・報道等、諸分野で交流と協力を実施する。

第17条　南北は、民族構成員の自由な往来と接触を実現する。

第18条　南北は、離散家族・親戚の自由な手紙のやり取り、往来と再会及び訪問を実施し、自由意思による再結合を実現し、その他人道的に解決する問題に対する対策を講究する。
第19条　南北は、切断された鉄道と道路を連結し、海路、航空路を開設する。
第20条　南北は、郵便と電気通信交流に必要な施設を設置・連結し、郵便・電気通信交流の秘密を保障する。
第21条　南北は、国際舞台で経済と文化等諸分野で互いに協力し、対外に共同で進出する。
第22条　南北は、経済と文化等、各分野の交流と協力を実現するための合意の履行のために、本合意書発効後三ヵ月以内に南北経済交流・協力共同委員会を始めとする部門別共同委員会を構成・運営する。
第23条　南北は、本合意書発効後一ヵ月以内に本会談の枠内に南北交流・協力分科委員会を構成して、南北交流・協力に関する合意の履行と遵守のための具体的対策を協議する。

第4章　修正及び発効

第24条　本合意書は、双方の合意により修正補充することができる。
第25条　本合意書は、南北が各々発効に必要な手続きを経て、その本文を相互に交換した日から効力を発生する。

一九九一年一二月一三日

南北高位級会談　南側代表団首席代表　大韓民国　国務総理　鄭元植

北南高位級会談　北側代表団　団長　朝鮮民主主義人民共和国　政務院総理　延亨黙

出典：『日本外交主要文書・年表』第4巻、㈶鹿島平和研究所編、原書房、一九九五年

日韓共同宣言―二一世紀に向けた新たな日韓パートナーシップ　一九九八年一〇月

1．金大中大韓民国大統領夫妻は、日本国国賓として一九九八年一〇月七日から一〇日まで日本を公式訪問した。金大中大統領は、滞在中、小渕恵三日本国内閣総理大臣との間で会談を行った。両首脳は、過去の両国の関係を統括し、現在の友好協力関係を再確認するとともに、未来のあるべき両国関係について意見を交換した。

この会談の結果、両首脳は、一九六五年の国交正常化以来築かれてきた両国間の緊密な友好協力関係をより高い次元に発展させ、二一世紀に向けた新たな日韓パートナーシップを構築するとの共通の決意を宣言した。

2．両首脳は、日韓両国が二一世紀の確固たる善隣友好協力関係を構築していくためには、両国が過去を直視し相互理解と信頼に基づいた関係を発展させていくことが重要であることにつき意見の一致をみた。

小渕総理大臣は、今世紀の日韓両国関係を回顧し、我が国が過去の一時期韓国国民に対し植民地支配により多大の損害と苦痛を与えたという歴史的事実を謙虚に受けとめ、これに対し、痛切な反省と心からのお詫びを述べた。

金大中大統領は、かかる小渕総理大臣の歴史認識の表明を真摯に受けとめ、これを評価すると同時に、両国が過去の不幸な歴史を乗り越えて和解と善隣友好協力に基づいた未来志向的な関係を発展させるためにお互いに努力することが時代の要請である旨表明した。

また、両首脳は、両国国民、特に若い世代が歴史への認識を深めることが重要であることについて見解を共有し、そのために多くの関心と努力が払われる必要がある旨強調した。

3．両首脳は、過去の長い歴史を通じて交流と協力を維持してきた日韓両国が、一九六五年の国交正常化以来、各分野で緊密な友好協力関係を発展させてきており、このような協力関係が相互の発展に寄与したことにつき認識を共にした。小渕総理大臣は、韓国がその国民のたゆまざる努力により、飛躍的な発展と民主化を達成し、繁栄し成熟した民主主義国家に成長したことに敬意を表した。金大中大統領は、戦後の日本の平和憲法の下での専守防衛及び非核三原則を始めとする安全保障政策並びに世界経済及び開発途上国に対する経済支援等、国際社会の平和と繁栄に対し日本が果たしてきた役割を高く評価した。両首脳は、日韓両国が、自由・民主主義、市場経済という普遍的理念に立脚した協力関係を、両国国民間の広範な交流と相互理解に基づいて今後更に発展させていくとの決意を表明した。

4．両首脳は、両国間の関係を、政治、安全保障、経済及び人的・文化交流の幅広い分野において均衡のとれたより高次元の協力関係に発展させていく必要があることにつき意見の一致をみた。また、両首脳は、両国のパートナーシップを、単に二国間の次元にとどまらず、アジア太平洋地域更には国際社会全体の平和と繁栄のために、また、個人の人権が尊重される豊かな生活と住み良い地球環境を目指す様々な試みにおいて、前進させていくことが極めて重要であることにつき意見の一致をみた。

このため、両首脳は、二〇世紀の日韓関係を締めくくり、真の相互理解と協力に基づく二一世紀に向けた新たな日韓パートナーシップを共通の目標として構築し、発展させていくことにつき、以下のとおり意見の一致をみるとともに、このようなパートナーシップを具体的に実施していくためにこの共同宣言に附属する行動計画を作成した。

両首脳は、両国政府が、今後、両国の外務大臣を総覧者として、定期的に、この日韓パートナーシップに基づく協力の進捗状況を確認し、必要に応じこれを更に強化していくこととした。

5．両首脳は、現在の日韓関係をより高い次元に発展させていくために、両国間の協議と対話をより一層促進していくことにつき意見の一致をみた。

両首脳は、かかる観点から、首脳間のこれまでの緊密な相互訪問・協議を維持・強化し、定期化していくとともに、外務大臣を始めとする各分野の閣僚級協議を更に強化していくこととした。また、両首脳は、両国の閣僚による懇談会をできる限り早期に開催し、政策実施の責任を持つ関係閣僚による自由な意見交換の場を設けることとした。更に、両首脳は、これまでの日韓双方の議員間の交流実績を評価し、日韓・韓日議連における今後の活動拡充の方針を歓迎するとともに、二一世紀を担う次世代の若手議員間の交流を慫慂《しょうよう》していくこととした。

6．両首脳は、冷戦後の世界において、より平和で安全な国際社会秩序を構築するための国際的努力に対し、日韓両国が互いに協力しつつ積極的に参画していくことの重要性につき意見の一致をみた。両首脳は、二一世紀の挑戦と課題により効果的に対処していくためには、国連の役割が強化されるべきであり、これは、安保理の機能強化、国連の事務局組織の効率化、安定的な財政基盤の確保、国連平和維持活動の強化、途上国の経済・社会開発への協力等を通じて実現できることにつき意見を共にした。

かかる点を念頭に置いて、金大中大統領は、国連を始め国際社会における日本の貢献と役割を評価し、今後、日本のこのような貢献と役割が増大されていくことに対する期待を表明した。

また、両首脳は、軍縮及び不拡散の重要性、とりわけ、いかなる種類の大量破壊兵器であれ、その拡散が国際社会の平和と安全に対する脅威であることを強調するとともに、この分野における両国間の協力を一層強化することとした。

両首脳は、両国間の安保対話及び種々のレベルにおける防衛交流を歓迎し、これを一層強化していくこととした。また、両首脳は、両国それぞれが米国との安全保障体制を堅持するとともに、アジア太平洋地域の平和と安定のための多国間の対話努力を一層強化していくことの重要性につき意見の一致をみた。

7．両首脳は、朝鮮半島の平和と安定のためには、北朝鮮が改革と開放を指向するとともに、対話を通じたより建設的な姿勢をとることが極めて重要であるとの認識を共有した。小渕総理大臣は、確固とした安保体制を敷きつつ和解・協力を積極的に進めるとの金大中大統領の対北朝鮮政策に対し支持を表明した。これに関連し、両首脳は、一九九二年二月に発効した南北間の和解と不可侵及び交流・協力に関する合意書の履行及び四者会合の順調な進展が望ましいことにつき意見の一致をみた。また、両首脳は、一九九四年一〇月に米国と北朝鮮との間で署名された「合意された枠組み」及び朝鮮半島エネルギー開発機構（ＫＥＤＯ）を、北朝鮮の核計画の推進を阻むための最も現実的かつ効果的なメカニズムとして維持していくことの重要性を確認した。この関連で、両首脳は、北朝鮮による先般のミサイル発射に対して、国連安全保障理事会議長が安保理を代表して表明した懸念及び遺憾の意を共有するとともに、北朝鮮のミサイル開発が放置されれば、日本、韓国及び北東アジア地域全体の平和と安全に悪影響を及ぼすことにつき意見の一致をみた。

両首脳は、両国が北朝鮮に関する政策を進めていく上で相互に緊密に連携していくことの重要性を再確認し、種々のレベルにおける政策協議を強化することで意見の一致をみた。

8．両首脳は、自由で開かれた国際経済体制を維持・発展させ、また構造問題に直面するアジア経済の再生を実現していく上で、日韓両国が、各々抱える経済上の課題を克服しながら、経済分野における均衡のとれた相互協力関係をより一層強化していくことの重要性につき合意した。このため、両首脳は、二国間での経済政策協議をより強化するとともに、ＷＴＯ、ＯＥＣＤ、ＡＰＥＣ等多国間の場での両国の政策協調を一層進めていくことにつき意見の一致をみた。

金大中大統領は、日本によるこれまでの金融、投資、技術移転等の多岐にわたる対韓国経済支援を評価するとともに、韓国の抱える経済的諸問題の解決に向けた努力を説明した。小渕総理大臣は、日本経済再生のための諸施策及びアジア経済の困難の克服のために日本が行っている経済支援につき説明を行うとともに、韓国による経済困難の克服に向けた努力を引き続き支持するとの意向を表明した。両首脳は、財政投融資を適切に活用した韓国に対する日本輸出入銀行による融資について基本的合意に達したことを歓迎した。

両首脳は、両国間の大きな懸案であった日韓漁業協定交渉が基本合意に達したことを心から歓迎するとともに、国連海洋法条約を基礎とした新たな漁業秩序の下で、漁業分野における両国の関係が円滑に進展することへの期待を表明した。

また、両首脳は、今般、新たな日韓租税条約が署名の運びとなったことを歓迎した。更に、両首脳は、貿易・投資、産業技術、科学技術、情報通信、政労使交流等の各分野での協力・交流を更に発展させていくことで意見の一致をみるとともに、日韓社会保障協定を視野に入れて、将来の適当な時期に、相互の社会保障制度についての情報・意見交換を行うこととした。

9．両首脳は、国際社会の安全と福祉に対する新たな脅威となりつつある国境を越える地球的規模の諸問題の解決に向けて、両国政府が緊密に協力していくことにつき意見の一致をみた。両首脳は、地球環境問題に関し、とりわけ温室効果ガス排出抑制、酸性雨対策を始めとする諸問題への対応における協力を強化するために、日韓環境政策対話を進めることとした。また、開発途上国への支援を強化するため、援助分野における両国間の協調を更に発展させていくことにつき意見の一致をみた。また、両首脳は、日韓逃亡犯罪人引渡条約の締結のための話し合いを開始するとともに、麻薬・覚せい剤対策を始めとする国際組織犯罪対策の分野での協力を一層強化することにつき意見の一致をみた。

10．両首脳は、以上の諸分野における両国間の協力を効果的に進めていく上での基礎は、政府間交流にとどまらない両国国民の深い相互理解と多様な交流にあるとの認識の下で、両国間の文化・人的交流を拡充していくことにつき意見の一致をみた。

両首脳は、二〇〇二年サッカー・ワールドカップの成功に向けた両国国民の協力を支援し、二〇〇二年サッカー・ワールドカップの開催を契機として、文化及びスポーツ交流を一層活発に進めていくこととした。

両首脳は、研究者、教員、ジャーナリスト、市民サークル等の多様な国民各層間及び地域間の交流の進展を促進することとした。

両首脳は、こうした交流・相互理解促進の土台を形作る措置として、従来より進めてきた査証制度の簡素化を引き続き進めることとした。

また、両首脳は、日韓間の交流の拡大と相互理解の増進に資するために、中高生の交流事業の新設を始め政府間の留学生や青少年の交流プログラムの充実を図るとともに、両国の青少年を対象としてワーキング・ホリデー制度を一九九九年四月から導入することにつき合意した。また、両首脳は、在日韓国人が、日韓両国国民の相互交流・相互理解のための架け橋としての役割を担い得るとの認識に立ち、その地位の向上のため、引き続き両国間の協議を継続していくことで意見の一致をみた。

両首脳は、日韓フォーラムや歴史共同研究の促進に関する日韓共同委員会等、関係者による日韓間の知的交流の意義を高く評価するとともに、こうした努力を引き続き支持していくことにつき意見の一致をみた。

金大中大統領は、韓国において日本文化を開放していくとの方針を伝達し、小渕総理大臣より、かかる方針を日韓両国の真の相互理解につながるものとして歓迎した。
11．小渕総理大臣と金大中大統領は、二一世紀に向けた新たな日韓パートナーシップは、両国国民の幅広い参加と不断の努力により、更に高次元のものに発展させることができるとの共通の信念を表明するとともに、両国国民に対し、この共同宣言の精神を分かち合い、新たな日韓パートナーシップの構築・発展に向けた共同の作業に参加するよう呼びかけた。

日本国内閣総理大臣　小渕恵三
大韓民国大統領　金大中

一九九八年一〇月八日、東京

南北共同宣言　二〇〇〇年六月

祖国の平和的統一を念願する全同胞の崇高な意思により、大韓民国の金大中大統領と朝鮮民主主義人民共和国の金正日国防委員長は、二〇〇〇年六月一三日から一五日までピョンヤンで歴史的に対面し、首脳会談を行った。

南北首脳は分断の歴史上初めて開かれた今回の対面と会談が、互いの理解を増進させて南北間関係を発展させ、平和統一を実現するのに重大な意義を持つと評価し、次のように宣言する。

1．南と北は国の統一問題を、その主人であるわが民族同士で互いに力を合わせ、自主的に解決していくことにした。

2．南と北は国の統一のため、南側の連合制案と北側のゆるやかな段階での連邦制案が、互いに共通性があると認め、今後、この方向で統一を志向していくことにした。

3．南と北は今年の八・一五に際して、離散家族、親せきの訪問団を交換し、非転向長期囚問題を解決するなど、人道的問題を早急に解決していくことにした。

4．南と北は経済協力を通じて、民族経済を均衡的に発展させ、社会、文化、体育、保健、環境など諸般の分野での協力と交流を活性化させ、互いの信頼を固めていくことにした。

5．南と北は、以上のような合意事項を早急に実践に移すため、早い時期に当局間の対話を開催することにした。

金大中大統領は金正日国防委員長がソウルを訪問するよう丁重に招請し、金正日国防委員長は今後、適切な時期にソウルを訪問することにした。

二〇〇〇年六月一五日

大韓民国大統領　金大中

朝鮮民主主義人民共和国国防委員長　金正日

出典：『日朝交渉―課題と展望』姜尚中ほか編、岩波書店、二〇〇三年

米朝共同声明　二〇〇〇年一〇月

朝鮮民主主義人民共和国国防委員会の金正日委員長の特使である国防委第一副委員長・趙明禄次帥が二〇〇〇年一〇月九日から一二日まで米合衆国を訪問した。

訪問期間に、金正日国防委委員長が送る親書と朝米関係に関する金正日委員長の意思を、趙明禄特使が米合衆国ウィリアム・クリントン大統領に直接伝達した。

趙明禄特使とその一行は、マドレーン・オルブライト国務長官およびウィリアム・コーエン国防長官をはじめとする米行政府の高位官吏らと会見し、共同の関心事となる諸問題について幅広い意見交換を行った。

双方は、朝鮮民主主義人民共和国と米合衆国の間の関係を全面的に改善させ得る新たな機会がつくり出されたことについて深く検討した。

諸会談は、真摯かつ建設的で実務的な雰囲気の中で行われ、その過程を通じて互いの関心事について、さらによく理解できるようになった。

朝鮮民主主義人民共和国と米合衆国は、歴史的な北南最高位級対面によって朝鮮半島の環境が変化したということを認め、アジア太平洋地域の平和と安全を強化する上に有益なように、両国間の双務関係を根本的に改善する諸措置を取ることを決定した。

これに関連して双方は、朝鮮半島において緊張状態を緩和し、一九五三年の休戦協定を強固な平和保障体系に換え、朝鮮戦争を公式に終息させる上で四者会談などのさまざまな方途があるということで見解を同じくした。

朝鮮民主主義人民共和国側と米合衆国側は、関係を改善することが国家間の関係において自然な目標となり、関係改善が二一世紀の両国人民にともに利益となると同時に、朝鮮半島とアジア太平洋地域の平和と安全も保障することになると認め、双務関係において新たな方向に向かう用意がある、と宣言した。

第一の重大な措置として双方は、どちらの政府も他方に対して敵対的な意思を持たないということを宣言し、今後、過去の敵対感から脱した新たな関係を樹立するために全力を尽くすという公約を確言した。

双方は、一九九三年六月一一日付の朝米共同声明に指摘され、一九九四年一〇月二一日付の基本合意文において再確認された諸原則に基づき、不信を解消し、相互信頼を築き、主要な関心事を建設的に扱ってゆき得る雰囲気を維持するために努力することで合意した。

これに関連して双方は、両国間の関係が自主権に対する相互尊重と内政不干渉の原則に基づかなければならないということを再確言し、双務的および多務的なテコを通じた外交的接触を正常的に維持することが有益だということに留意した。

双方は、互恵的な経済協力と交流を発展させるために協力することで合意した。

双方は、両国人民に有益で、東北アジア全般における経済的協力を拡大する上に有利な環境をつくるのに寄与することになる、貿易・商業の可能性を探求するために、近い時期に経済貿易専門家らの相互訪問を実現する問題を討議した。

双方は、ミサイル問題の解決が朝米関係の根本的な改善とアジア太平洋地域における平和と安全に重要な寄与をするということで見解を同じくした。

朝鮮民主主義人民共和国側は、新たな関係構築のためのもう一つの努力として、ミサイル問題に関する会談が継続している間は、すべての長距離ミサイルを発射しないということを米国側に通報した。

朝鮮民主主義人民共和国と米合衆国は、基本合意文に基づく自己の義務を完全に履行するための公約と努力を倍加することを確約し、そうすることが朝鮮半島の非核、平和と安全を実現する上で重要だということを固く確言した。

そのために、双方は基本合意文に基づく義務の履行をさらに明白にすることで見解を同じくした。

これに関連して双方は、金倉里の地下施設に対する接近が米国の憂慮を解消する上で有益であったという点に留意した。

双方は、最近数年間、共同の関心事となっている人道主義分野で協力事業が始まったということに留意した。

朝鮮民主主義人民共和国側は、米合衆国が食糧および医薬品支援分野で朝鮮民主主義人民共和国の人道主義的需要を満たすことに意義のある寄与をしたことに謝意を表した。

米合衆国側は、朝鮮民主主義人民共和国が朝鮮戦争の時期に失そうした米軍兵士らの遺骨を発掘することに協力したことに謝意を表し、双方は失そう者らの行方を可能な限り最大の規模で調査、確認する事業を迅速に前進させるために努力することで合意した。

双方は、以上の諸問題とその他の人道主義問題を討議するための接触を継続することで合意した。

双方は、二〇〇〇年一〇月六日の共同声明に指摘されている通り、テロに反対する国際的努力を支持し、鼓舞することで合意した。

趙明禄特使は、歴史的な北南最高位級対面の結果をはじめ、ここ数カ月間の北南対話の状況について米国側に通報した。

米合衆国側は、現行の北南対話の継続的な前進と成果、そして安保対話の強化を含む北南間の和解と協力を強化するための諸発起の実現のためにあらゆる適切な方法で協力する自己の確固たる公約を表明した。

趙明禄特使は、クリントン大統領と米国人民が訪問期間に温かく歓待してくれたことに謝意を表した。

朝鮮民主主義人民共和国国防委員会の金正日委員長にウィリアム・クリントン大統領の意思を直接伝達し、米合衆国大統領の訪問を準備するためにマドレーン・オルブライト国務長官が近い時期に朝鮮民主主義人民共和国を訪問することで合意した。

二〇〇〇年一〇月一二日　ワシントン

出典：『重要基本資料集「北朝鮮の現況２００４」』㈶ラヂオプレス編、ＲＰプリンティング、二〇〇四年

日朝平壌宣言　二〇〇二年九月

小泉純一郎日本国総理大臣と金正日朝鮮民主主義人民共和国国防委員長は、二〇〇二年九月一七日、平壌で出会い会談を行った。

両首脳は、日朝間の不幸な過去を清算し、懸案事項を解決し、実りある政治、経済、文化的関係を樹立することが、双方の基本利益に合致するとともに、地域の平和と安定に大きく寄与するものとなるとの共通の認識を確認した。

1．双方は、この宣言に示された精神及び基本原則に従い、国交正常化を早期に実現させるため、あらゆる努力を傾注することとし、そのために二〇〇二年一〇月中に日朝国交正常化交渉を再開することとした。

双方は、相互の信頼関係に基づき、国交正常化の実現に至る過程においても、日朝間に存在する諸問題に誠意をもって取り組む強い決意を表明した。

2．日本側は、過去の植民地支配によって、朝鮮の人々に多大の損害と苦痛を与えたという歴史の事実を謙虚に受け止め、痛切な反省と心からのお詫びの気持ちを表明した。

双方は、日本側が朝鮮民主主義人民共和国側に対して、国交正常化の後、双方が適切と考える期間にわたり、無償資金協力、低金利の長期借款供与及び国際機関を通じた人道主義的支援等の経済協力を実施し、また、民間経済活動を支援する見地から国際協力銀行等による融資、信用供与等が実施されることが、この宣言の精神に合致するとの基本認識の下、国交正常化交渉において、経済協力の具体的な規模と内容を誠実に協議することとした。

双方は、国交正常化を実現するにあたっては、一九四五年八月一五日以前に生じた事由に基づく両国及びその国民のすべての財産及び請求権を相互に放棄するとの基本原則に従い、国交正常化交渉においてこれを具体的に協議することとした。

双方は、在日朝鮮人の地位に関する問題及び文化財の問題については、国交正常化交渉において誠実に協議することとした。

3．双方は、国際法を遵守し、互いの安全を脅かす行動をとらないことを確認した。また、日本国民の生命と安全にかかわる懸案問題については、朝鮮民主主義人民共和国側は、日朝が不正常な関係にある中で生じたこのような遺憾な問題が今後再び生じることがないよう適切な措置をとることを確認した。

4．双方は、北東アジア地域の平和と安定を維持、強化するため、互いに協力していくことを確認した。

双方は、この地域の関係各国の間に、相互の信頼に基づく協力関係が構築されることの重要性を確認するとともに、この地域の関係国間の関係が正常化されるにつれ、地域の信頼醸成を図るための枠組みを整備していくことが重要であるとの認識を一にした。

双方は、朝鮮半島の核問題の包括的な解決のため、関連するすべての国際的合意を遵守することを確認した。また、双方は、核問題及びミサイル問題を含む安全保障上の諸問題に関し、関係諸国間の対話を促進し、問題解決を図ることの必要性を確認した。

朝鮮民主主義人民共和国側は、この宣言の精神に従い、ミサイル発射のモラトリアムを二〇〇三年以降も更に延長していく意向を表明した。

双方は、安全保障にかかわる問題について協議を行っていくこととした。

日本国総理大臣　小泉純一郎

朝鮮民主主義人民共和国国防委員会委員長　金正日

二〇〇二年九月一七日　平壌

第四回六者会合に関する共同声明（仮訳）　二〇〇五年九月

第四回六者会合は、北京において、中華人民共和国、朝鮮民主主義人民共和国、日本国、大韓民国、ロシア連邦及びアメリカ合衆国の間で、二〇〇五年七月二六日から八月七日まで及び九月一三日から一九日まで開催された。

武大偉中華人民共和国外交部副部長、金桂冠朝鮮民主主義人民共和国外務副相、佐々江賢一郎日本国外務省アジア大洋州局長、宋旻淳大韓民国外交通商部次官補、アレクサンドル・アレクセーエフ・ロシア連邦外務次官及びクリストファー・ヒル・アメリカ合衆国東アジア太平洋問題担当国務次官補が、それぞれの代表団の団長として会合に参加した。

武大偉外交部副部長が会合の議長を務めた。

朝鮮半島及び北東アジア地域全体の平和と安定のため、六者は、相互尊重及び平等の精神の下、過去三回の会合における共通の理解に基づいて、朝鮮半島の非核化に関する真剣かつ実務的な協議を行い、この文脈において、以下のとおり意見の一致をみた。

1．六者は、六者会合の目標は、平和的な方法による、朝鮮半島の検証可能な非核化であることを一致して再確認した。

朝鮮民主主義人民共和国は、すべての核兵器及び既存の核計画を放棄すること、並びに、核兵器不拡散条約及びＩＡＥＡ保障措置に早期に復帰することを約束した。

アメリカ合衆国は、朝鮮半島において核兵器を有しないこと、及び、朝鮮民主主義人民共和国に対して核兵器又は通常兵器による攻撃又は侵略を行う意図を有しないことを確認した。

大韓民国は、その領域内において核兵器が存在しないことを確認するとともに、一九九二年の朝鮮半島の非核化に関する共同宣言に従って核兵器を受領せず、かつ、配備しないとの約束を再確認した。

一九九二年の朝鮮半島の非核化に関する共同宣言は、遵守され、かつ、実施されるべきである。

朝鮮民主主義人民共和国は、原子力の平和的利用の権利を有する旨発言した。他の参加者は、この発言を尊重する旨述べるとともに、適当な時期に、朝鮮民主主義人民共和国への軽水炉提供問題について議論を行うことに合意した。

2．六者は、その関係において、国連憲章の目的及び原則並びに国際関係について認められた規範を遵守することを約束した。
朝鮮民主主義人民共和国及びアメリカ合衆国は、相互の主権を尊重すること、平和的に共存すること、及び二国間関係に関するそれぞれの政策に従って国交を正常化するための措置をとることを約束した。

朝鮮民主主義人民共和国及び日本国は、平壌宣言に従って、不幸な過去を清算し懸案事項を解決することを基礎として、国交を正常化するための措置をとることを約束した。

3. 六者は、エネルギー、貿易及び投資の分野における経済面の協力を、二国間又は多数国間で推進することを約束した。

中華人民共和国、日本国、大韓民国、ロシア連邦及びアメリカ合衆国は、朝鮮民主主義人民共和国に対するエネルギー支援の意向につき述べた。

大韓民国は、朝鮮民主主義人民共和国に対する二〇〇万キロワットの電力供給に関する二〇〇五年七月一二日の提案を再確認した。

4. 六者は、北東アジア地域の永続的な平和と安定のための共同の努力を約束した。

直接の当事者は、適当な話合いの場で、朝鮮半島における恒久的な平和体制について協議する。

六者は、北東アジア地域における安全保障面の協力を促進するための方策について探求していくことに合意した。

5．六者は、「約束対約束、行動対行動」の原則に従い、前記の意見が一致した事項についてこれらを段階的に実施していくために、調整された措置をとることに合意した。

6．六者は、第五回六者会合を、北京において、二〇〇五年一一月初旬の今後の協議を通じて決定される日に開催することに合意した。

朝鮮半島の平和と繁栄、統一のための板門店宣言　二〇一八年四月

大韓民国の文在寅大統領と朝鮮民主主義人民共和国の金正恩国務委員長は平和と繁栄、統一を願う全民族のいちずな願いを込め、朝鮮半島で歴史的な転換が起きている意義深い時期である二〇一八年四月二七日に、板門店の平和の家で南北首脳会談を行った。

両首脳は、朝鮮半島にもはや戦争はなく、新たな平和の時代が開かれたことを八千万のわが同胞と全世界に厳粛に宣言した。

両首脳は、冷戦の産物である長い分断と対決を一日も早く終わらせ、民族的和解と平和繁栄の新たな時代を果敢に切り開き、南北関係をより積極的に改善し発展させていかなければならないという確固たる意志を込め、歴史の地、板門店で次のように宣言した。

1　南と北は、南北関係の全面的で画期的な改善と発展を実現することで、途絶えた民族の血脈をつなぎ、共同繁栄と自主統一の未来を早めていくだろう。

南北関係を改善し発展させることは、全民族のいちずな願いであり、もはや先送りできない時代の切迫した要求だ。

（1）南と北は、わが民族の運命はわれわれ自ら決定するという民族自主の原則を確認し、既に採択された南北宣言や全ての合意などを徹底的に履行することで、関係改善と発展の転換的局面を切り開いていくことにした。
（2）南と北は、高官級会談をはじめとする各分野の対話と交渉を早期に開催し、首脳会談で合意した内容を実践するため、積極的な対策を立てていくことにした。
（3）南と北は、当局間協議を緊密にし、民間交流と協力を円満に進めるため、双方の当局者が常駐する南北共同連絡事務所を開城地域に設置することにした。
（4）南と北は、民族的和解と和合の雰囲気を高めていくため、各界各層の多方面の協力と交流、往来や接触を活性化することにした。
対内的には、（二〇〇〇年の南北共同宣言が発表された）六月一五日をはじめ、南と北にともに意義がある日を契機に、当局と国会、政党、地方自治体、民間団体など、各界各層が参加する民族共同行事を積極的に推進し、和解と協力の雰囲気を高める。対外的には一八年アジア大会をはじめとする国際競技に共同で出場し、民族の知恵と才能、団結した姿を全世界に誇示することにした。
（5）南と北は、民族分断により発生した人道問題を至急解決するため努力し、南北赤十字会談を開催して離散家族・親戚再会をはじめとする諸問題を協議、解決していくことにした。

差し当たって、今年八月一五日を契機に離散家族・親戚の再会を行うことにした。
(6) 南と北は民族経済の均衡的な発展と、共同繁栄を成し遂げるため、(〇七年の南北首脳による) 一〇月四日宣言で合意した事業を積極的に推進していき、一次的に東海線と京義線の鉄道と道路などを連結し、現代化し、活用するための実践的な対策を取っていくことにした。

2　南と北は、朝鮮半島で先鋭化した軍事的緊張状態を緩和し、戦争の危険を実質的に解消するため共同で努力していくだろう。
朝鮮半島の軍事的緊張状態を緩和し戦争の危険を解消することは、民族の運命と関連する非常に重大な問題であり、われわれ同胞の平和的で安定した生命を保証するための鍵となる問題だ。

(1) 南と北は、地上と海上、空中をはじめとするあらゆる空間で、軍事的緊張と衝突の根源となる相手に対する一切の敵対行為を全面的に中止することにした。
差し当たって、五月一日から軍事境界線一帯で拡声器 (宣伝) 放送やビラ散布をはじめとするあらゆる敵対行為を中止し、その手段を撤廃し、今後非武装地帯を実質的な平和地帯としていくことにした。
(2) 南と北は、黄海の北方限界線一帯を平和水域とし、偶発的な軍事衝突を防止し、安全な漁業活動を保証するための実質的な対策を立てていくことにした。

（3）南と北は、相互協力と交流、往来と接触が活性化することに伴うさまざまな軍事的保証対策を講じることにした。

南と北は、双方間に提起される軍事的問題を遅滞なく協議、解決するため、国防相会談をはじめとする軍事当局者会談を頻繁に開催し、五月中にまず将官級軍事会談を開くことにした。

3　南と北は、朝鮮半島の恒久的で強固な平和体制構築のため、積極的に協力していくだろう。

朝鮮半島で非正常な現在の休戦状態を終わらせ、確固たる平和体制を樹立することは、もはや先送りできない歴史的課題だ。

（1）南と北は、いかなる形態の武力も互いに使用しないという不可侵合意を再確認し、厳格に順守していくことにした。

（2）南と北は、軍事的緊張が解消され、互いの軍事的信頼が実質的に構築されるのに伴い、段階的に軍縮を実現していくことにした。

（3）南と北は、休戦協定締結六五年となる今年、終戦を宣言し、休戦協定を平和協定に転換し、恒久的で強固な平和体制を構築するため、南北米三者、または南北米中四者会談の開催を積極的に推進していくことにした。

（4）南と北は、完全な非核化を通して核のない朝鮮半島を実現するという共通の目標を確認した。南と北は、北側が講じている主動的な措置が朝鮮半島非核化のために非常に意義があり重大な措置だという認識を共にし、今後それぞれ自らの責任と役割を果たすことにした。

南と北は、朝鮮半島非核化に向けた国際社会の支持と協力を得るため、積極的に努力することにした。

両首脳は、定期的な会談と直通電話を通じ、民族の重大事を随時、真摯に議論し、信頼を強固にし、南北関係の持続的な発展と朝鮮半島の平和と繁栄、統一に向けた良い流れをさらに拡大していくために共に努力することにした。

差し当たって、文在寅大統領は今秋、平壌を訪問することにした。

二〇一八年四月二七日

板門店

大韓民国　大統領　　　　　　　　　文在寅

朝鮮民主主義人民共和国　国務委員会　委員長　金正恩

出典：「日本経済新聞」二〇一八年四月二七日　電子版（共同通信社翻訳・配信）

米朝首脳会談　共同声明　二〇一八年六月

ドナルド・トランプ大統領と金正恩国務委員長は二〇一八年六月一二日、初めての、歴史的な首脳会談をシンガポールで開いた。

トランプ大統領と金委員長は米国と北朝鮮の新たな関係樹立と朝鮮半島の持続的で堅固な平和体制構築と関連する諸問題について、包括的かつ深層的で、真摯な意見交換をした。トランプ大統領は北朝鮮に安全の保証を提供することを約束し、金委員長は朝鮮半島の完全な非核化への、確固として揺るぎのない約束を再確認した。

新たな米朝関係の樹立が朝鮮半島と世界の平和と繁栄に寄与すると確信し、相互の信頼醸成によって朝鮮半島の非核化を推進することができると確認し、トランプ大統領と金委員長は以下のことを表明する。

1　米国と北朝鮮は、両国民が平和と繁栄を切望していることに応じ、新たな米朝関係を樹立することを約束する。

2　米国と北朝鮮は朝鮮半島において持続的で安定した平和体制を構築するために共に努力する。

3　二〇一八年四月二七日の板門店宣言を再確認し、北朝鮮は朝鮮半島の完全な非核化に向けて努力することを約束する。
4　米国と北朝鮮は（朝鮮戦争における米国人の）身元特定済み遺骨の即時送還を含め、捕虜や行方不明兵の遺骨収集を約束する。

史上初めて実現した米朝首脳会談が、両国間の数十年に及ぶ緊張と敵対行為を克服し、新たな未来を切り開くため、非常に重要で画期的な出来事だったことを確認し、トランプ大統領と金委員長は共同声明に明記された事項を、全面的かつ迅速に履行することを約束する。米国と北朝鮮は米朝首脳会談の結果を履行するため、マイク・ポンペオ米国務長官と北朝鮮の担当高官が主導し、さらなる交渉をできるだけ早い日程で開催することを約束する。

トランプ大統領と金委員長は新たな米朝関係の発展と、朝鮮半島と世界の平和と繁栄、安全のため協力することを約束する。

二〇一八年六月一二日　　セントーサ島　シンガポール

出典：「毎日新聞」二〇一八年六月一三日朝刊（毎日新聞社翻訳）

九月平壌共同宣言　二〇一八年

大韓民国の文在寅大統領と朝鮮民主主義人民共和国の金正恩国務委員長は二〇一八年九月一八日から二〇日まで平壌で南北首脳会談を行った。

両首脳は歴史的な板門店宣言以降、南北当局間の緊密な対話と意思疎通、多方面の民間交流と協力が進められ、軍事的緊張緩和のための画期的な措置が講じられるなど素晴らしい成果があったと評価した。

両首脳は民族自主と民族自決の原則を再確認し、南北関係を民族的和解と協力、確固たる平和と共同繁栄のために一貫して持続的に発展させていくことにし、現在の南北関係発展を統一につなげることを願う全同胞の志向と望みを政策的に実現するために努力していくことにした。

両首脳は板門店宣言を徹底して履行し、南北関係を新たな高い段階へ進展させていくための諸般の問題や実践的対策を虚心坦懐に深く議論し、今回の平壌首脳会談が重要な歴史的転機となるだろうとの認識で一致し、次のように宣言した。

1　南と北は非武装地帯（DMZ）をはじめ対峙地域での軍事的敵対関係終息を朝鮮半島全地域で

の実質的な戦争の危険除去と根本的な敵対関係解消につなげていくことにした。

（1）南と北は今回の平壌首脳会談を契機に締結した「板門店宣言軍事分野履行合意書」を平壌共同宣言の付属合意書として採択し、これを徹底して順守し誠実に履行し、朝鮮半島を恒久的な平和地帯とするための実践的措置を積極的に講じていくことにした。

（2）南と北は南北軍事共同委員会を速やかに稼働し軍事分野合意書の履行実態を点検し、偶発的武力衝突防止のための常時の意思疎通と緊密な協議を進めることにした。

2　南と北は相互互恵と共利共栄の土台の上で交流と協力をさらに増大させ、民族経済を均衡的に発展させるための実質的な対策を講じていくことにした。

（1）南と北は今年中に東海と西海線鉄道および道路連結のための着工式を行うことにした。

（2）南と北は条件が整い次第、開城工業団地と金剛山観光事業をまず正常化し、黄海経済共同特区および東海観光共同特区を造成する問題を協議していくことにした。

（3）南と北は自然生態系の保護および復元のための南北環境協力を積極的に推進することにし、優先的に現在進行中である山林分野協力の実践的成果のために努力することにした。

（4）南と北は感染症の流入および拡散防止のための緊急措置をはじめ防疫および保健・医療分野の協力を強化することにした。

3　南と北は離散家族問題を根本的に解決するための人道的協力をさらに強化していくことにした。

（1）南と北は金剛山地域の離散家族常設面会所を早い時期に開所することにし、このため面会所施設を速やかに復旧することにした。

（2）南と北は赤十字会談を通じて離散家族の映像再会とビデオレター交換の問題を優先的に解決していくことにした。

4　南と北は和解と団結の雰囲気を高め、わが民族の気概を内外に誇示するため、多様な分野の協力と交流を積極的に推進することにした。

（1）南と北は文化と芸術分野の交流を一層増進させていくことにし、優先的に一〇月中に平壌芸術団のソウル公演を行うことにした。

（2）南と北は二〇二〇年夏季五輪をはじめとする国際競技に合同で積極的に出場し、二〇三二年夏季五輪の南北共同開催を誘致するため協力することにした。
（3）南と北は一〇・四宣言（〇七年の南北首脳宣言）一一周年を意義深く記念するための行事を開催し、三・一運動（日本統治下の一九一九年の独立運動）一〇〇周年を南北が共同で記念することにし、そのための実務的な方策を協議していくことにした。

5　南と北は朝鮮半島を核兵器や核の脅威のない平和の地としていかなければならず、そのために必要な実質的な進展を速やかに成し遂げなければならないとの認識で一致した。
（1）北朝鮮は東倉里の（ミサイル）エンジン実験場とミサイル発射台を、関係国専門家の参観の下で、まず永久的に廃棄することにした。
（2）北朝鮮は米国が六・一二朝米共同声明（シンガポール共同声明）の精神にのっとり相応の措置を取れば、寧辺の核施設の永久的な廃棄などの追加措置を取り続けていく用意があると表明した。
（3）南と北は朝鮮半島の完全な非核化を推進していく過程で共に緊密に協力していくことにした。

6　金正恩国務委員長は文在寅大統領の招請により、近い時期にソウルを訪問することにした。

二〇一八年九月一九日

大韓民国　大統領　　文在寅

朝鮮民主主義人民共和国　国務委員長　　金正恩

出典：「毎日新聞」二〇一八年九月二〇日朝刊（共同通信社翻訳・配信）

出典明記のないものは、外務省ウェブサイトによりました。

なお、各新聞社および通信社掲載・配信の記事を無断で転載することは禁じられております。

姜尚中（カン サンジュン）

一九五〇年生まれ。政治学者。東京大学名誉教授。著書は、一〇〇万部超の『悩む力』とその続編『続・悩む力』『母の教え 10年後の『悩む力』』のほか、『ナショナリズム』『姜尚中の政治学入門』『ニッポン・サバイバル』『増補版 日朝関係の克服』『在日』『リーダーは半歩前を歩け』『あなたは誰？ 私はここにいる』『心の力』『悪の力』『漱石のことば』『維新の影』など多数。小説作品に『母―オモニ―』『心』がある。

朝鮮《ちょうせん》半島《はんとう》と日本《にほん》の未来《みらい》

集英社新書一一二二A

二〇二〇年五月二〇日 第一刷発行
二〇二〇年九月二一日 第三刷発行

著者……姜尚中《カンサンジュン》

発行者……樋口尚也

発行所……株式会社集英社
東京都千代田区一ツ橋二-五-一〇 郵便番号一〇一-八〇五〇
電話 〇三-三二三〇-六三九一（編集部）
〇三-三二三〇-六〇八〇（読者係）
〇三-三二三〇-六三九三（販売部）書店専用

装幀……原 研哉

印刷所……大日本印刷株式会社 凸版印刷株式会社

製本所……加藤製本株式会社

定価はカバーに表示してあります。

ISBN 978-4-08-721122-1 C0231

Printed in Japan

a pilot of wisdom

a pilot of wisdom

集英社新書　好評既刊

五輪スタジアム「祭りの後」に何が残るのか
岡田　功　1010-H
過去の五輪開催地の「今」を現地取材。それを踏まえて、新国立競技場を巡る東京の近未来を考える。

証言　沖縄スパイ戦史
三上智恵　1011-D
敗戦後も続いた米軍相手のゲリラ戦と身内同士のスパイ戦。陸軍中野学校の存在と国土防衛戦の本質に迫る。

出生前診断の現場から　専門医が考える「命の選択」
室月　淳　1012-I
「新型出生前診断」はどういう検査なのか。最先端の研究者が、「命の選択」の本質を問う。

水道、再び公営化！　欧州・水の闘いから日本が学ぶこと
岸本聡子　1013-A
水道民営化に踏み出す日本。しかし欧州では再公営化運動が大躍進中。市民の水道を守るヒントが欧州に！

「井上ひさし」を読む　人生を肯定するまなざし
今村忠純／島村　輝／大江健三郎／辻井　喬／永井　愛／平田オリザ／小森陽一・成田龍一　編著　1014-F
井上ひさしに刺激を受けながら創作活動を続けてきた大江健三郎ら創作者たちが、メッセージを読み解く。

ストライキ2.0　ブラック企業と闘う武器
今野晴貴　1015-B
アップデートされ世界中で実践されている新しいストを解説、日本社会を変える道筋を示す。

改訂版　著作権とは何か　文化と創造のゆくえ
福井健策　1016-A
著作権を専門とする弁護士が、基礎や考え方をディズニー、手塚治虫などの実例・判例を紹介しつつ解説。

バーテンダーの流儀
城アラキ　1017-H
酒と酒にまつわる人間関係を描き続けてきた漫画原作者が贈る、教養としての大人のバー入門。

百田尚樹をぜんぶ読む
杉田俊介／藤田直哉　1018-F
ベストセラー作家、敏腕放送作家にして「保守」論客の百田尚樹。全作品を気鋭の批評家が徹底的に論じる。

北澤楽天と岡本一平　日本漫画の二人の祖
竹内一郎　1019-F
手塚治虫に影響を与えた楽天と一平の足跡から、日本の代表的文化となった漫画・アニメの歴史を描く。